suncolor

suncolor

兒子到底在想什麼？

當媽媽不崩潰，男孩教養說明書

崔旼俊──著

suncolor
三采文化

目錄

PART 4

一切都是 3C、手遊的錯？

6 階段改善兒子的手遊沉迷問題

PART 5

這樣做，提升孩子自我效能

增強兒子的學習力與自尊

兒子 TV
話題影片✓

男孩媽媽要知道的事

前言

什麼是男孩需要的教養與陪伴？

教養兒子真的不簡單

有位母親在網路上發文，說她正在教育兒子「不要和女孩子往來」。原因是最近兒子和幾個女孩一起玩耍，兒子被女孩子揍了之後，孩子也打了一拳回去，沒想到兒子在學校卻被講成單方面的加害者。後續雖然有積極協調化解誤會，但是她也不斷告誡兒子，和女同學玩的時候要小心，最好避開女孩子，自己玩就好。

我每天都會聽到許多媽媽教養兒子的抱怨。媽媽們的眾多煩惱不斷透過私訊和留言送到我這，包括因為只講一次，兒子卻充耳不聞，所以每日每日地操煩、擔心兒子說出不合時宜的話，或是煩惱兒子做出不當行為在學校被孤立等等。我還記得有人訴苦說好不容易養大了三個孩子，卻因為晚年得子讓現在的生活像是墜入地獄一樣。

從最近的社會氛圍來看，男孩子的教養問題特別被關注。男孩的注意力不足過動症（ADHD）和妥瑞症狀（TIC）是女孩的四倍以上，過動和未達基本學力的比率超過兩倍。可能是因為如此，書店裡充斥著男孩教養的相關書籍。遇到家有兩個以上兒子的父母，大家都會說：「一定常常因為兒子而辛苦吧！」這類的安慰。久而久之，男孩媽媽認為必須好好管教兒子的想法越來越高漲，相反地，想要好好理解兒子的想法卻逐漸減少。

「因為是兒子，所以才會那樣！」已經是老舊的、過時的想法，與此同時，現在也有很多認為兒子和女兒在某些地方不同的意見。當然，沒有人會在兒子犯錯時，用「因為是兒子啊」的話來迴避責任。然而「男孩、女孩有哪裡不一樣嗎？」這句話，如果仔細探究起來，好像會變成這個時代的人相信「孩子是隨著誰是主要照顧者而改變」，實在是非常可惜。

如果把孩子當成一張白紙，就會讓人陷入我可以塑造孩子的錯覺。但就算是在相同的環境、用同樣的方式教育五個孩子，這些孩子還是會各自長成不同的樣子。原因就是人類深受與生俱來的特質所影響。

所以我們在學習教導孩子的方法之前，必須要先了解哪些是教也改變不了的事。人種、國籍、家庭、性格、性別……這些無法輕易變更的個人性質，稱為這個人的「身分」，尤其「性別」更是影響一個人既有性格與行為模式的極大變數。

媽媽要如何讀懂兒子的心？

我想將現今社會定義為「無法理解男孩的天生氣質」的時代，男孩仍是社會的一部分，只是大家無法正確理解男孩。雖然從媽媽的角度來看，兒子有許多地方必須要矯正，是個難以理解的存在，但那也只是兒子比較不一樣罷了。他們並不是有哪裡不足，而是擅長的事情和大家想的不一樣。

那麼該如何面對兒子呢？

其實沒有那麼可怕，了解兒子的情緒就好。即便是現在，兒子們仍然迫切需要有人能指導，如何處理連他們自己都搞不清的情緒。

從針對一千四百多名養育兒子的父母和兩千多名現任小學教師進行的問卷調查結果來看，多數父母會回答特別容易對兒子生氣，大約90%的現任小學教師則回答因為男孩的關係，班級經營變得相當困難。

透過本書，我想跟各位分享的不是一般市面上大家都知道的教養法，而是**男孩們真正需要的教養與陪伴**。舉例來說，兒子因為沉迷於某件事而導致其他能力變差，在爸媽為「他為什麼就是聽不進去我的話」而生氣的瞬間，能夠想到「啊，他不是忽視我，而是需要我的幫助」。

遊戲中毒、過度沉溺 YouTube、愛講粗話等等是教養兒子時最讓家長頭痛的問題，該用什麼觀點看待兒子、該如何教養指導兒子，這些議題我都會詳細寫進本書中。

當然，不是所有男孩都有這樣的問題。有些兒子比成熟大人更懂得遵守規則，掌握狀況的能力也很優秀。但是這樣的兒子就沒有煩惱了嗎？不是喔，父母都會有各自不同的煩惱。就像出生在同個家庭裡的手足，會有各自的困難、各自的問題，邁向不同的命運，希望各位不要認為兒子面臨的困難是因為自己錯誤的教養所導致，請以放鬆的心情閱讀本書。

「孩子聽話」不代表我很會教小孩，「孩子不聽話」也不代表我的教養方式出了錯。我想讓各位知道，雖然有些孩子不需要特別教導就能掌握狀況、行為舉止都很合宜，但也有孩子是無論父母怎麼教，都會因一時衝動做出錯誤的行為。該如何與孩子共度未來的美好時光，我想以實際的觀點，詳細、客觀地傳達給每一位習慣將兒子問題歸咎在自己身上，並因此感到自責的父母。

是兒子的問題？還是我的問題？

寫給在兒子入睡後深深自責的你…

閱讀本書前該了解的事！

教養兒子基本功：「同理」不如「行動」

看看兒子的這種行為，是否很讓人生氣？

媽媽：俊俊啊，媽媽說過不可以這樣。

兒子：討厭，我就要做。

媽媽：你再這樣，媽媽要生氣了！住手！你要媽媽變生氣怪獸嗎？

兒子：嘻嘻嘻，媽媽是生氣怪獸！

媽媽：我說過不要學我了，對吧？

媽媽都生氣了還白目地開玩笑，面對這樣的兒子，心跳總會不自覺加速，血壓瞬間飆高。媽媽越是想以

「生氣」來威嚇兒子，孩子就會一面看著媽媽的臉色，一面想著「趁媽媽真的生氣前趕快做點什麼」！媽媽可能會想「我都這麼明顯的不高興了，不是應該停手，別做了嗎？」但令人訝異的是兒子並不這麼想。兒子反而會好奇「媽媽說不可以，但如果我再做一次，媽媽會怎麼樣？」想要繼續挑戰媽媽。實際上，也真的有兒子會直視媽媽的眼睛，又做一次媽媽叫他不要做的事。

站在媽媽的立場，要阻止兒子這種行為的最簡單方法就是認真的發火。在媽媽大聲吼叫後，兒子才會發現「媽媽真的生氣了，我不可以再這樣」而停止動作。但這樣的情況如果反覆發生，就會演變成媽媽總是在生氣，兒子則是產生「我好糟糕，整天讓媽媽生氣」的自我意象[1]。針對這種情況，幾乎所有的教養書都會要求媽媽必須給予兒子更多的愛和同理。

請先了解兒子的心。兒子越是做出反抗的行為，代表他越是需要愛——這種論點只會刺傷媽媽的心，「原來我是個只會生氣的媽媽」，然後內疚地緊咬牙根，努力要自己當個能微笑同理兒子的媽媽。然而，臉上越是努力想要保持微笑，內心的怒意就會不斷上升並累積。反覆

1. 自我意象：self image，自我形象。

媽媽說不可以、不可以這樣！
不要！

媽媽要生氣了！住手！
你要媽媽變生氣怪獸嗎？
生氣怪獸！
~흥
건~

不要學我！
大吼
哇

發生的情況下，教養兒子對媽媽來說就會變成一件極度吃力的事。

目前韓國的育兒法大致有三種派別，分別是：無論孩子說什麼都用「原來如此」回應的「原來療法」；不給予指示，而是直接表現父母想法的「I message[2]」；無論孩子說什麼都先認同理解，而非教導的「同理型對話」。這三種方法都屬於「同理育兒」，但是當媽媽太過體貼，並且願意給孩子溫暖的對待或回應時，有些孩子就會濫用這一點。

「都是因為媽媽，才會變成這樣！」、「都是媽媽的錯！」這種對話若是反覆出現，就必須要思考是不是為了同理而過度揣測兒子的想法，兒子反而可能因此無法學習到體貼他人。要記得，**想要養出懂得體貼他人的孩子，不能只有媽媽體貼孩子，也必須讓兒子有機會可以體貼對方。**

2. 使用「我」訊息向孩子表達關注，如：「我覺得 ________」、「我看到你 ________」，可以避免孩子感覺被攻擊。

另一方面，網路上也會出現這樣的文章。

「拜託，孩子都想要從那麼危險的地方跳下來了，怎麼還在那邊同理：『啊，俊俊想要跳下來啊！』真是憋死人！孩子不聽話，就算動手打，也要教他不是嗎？」

這話有部分說的沒錯。但是用打罵來教導兒子，產生的副作用也是不可小覷。最糟糕的結果就是會讓兒子以為只要對方不聽話，就可以「動手」讓對方屈服。舉例來說，以前曾經有電視節目報導了暴君兒子的案例，看著沒緣由就出手打媽媽和弟妹的兒子，有人憤慨認為：這種孩子就是欠打、一定是爸媽沒有教！然而，實際的情況是，爸爸曾經把兒子打得很慘。所以，一定要記得「暴力」是會重複出現。

我想起一對為了矯正管教方式而來諮商的父母。

「我們家會體罰小孩。結果，某一天兒子在玩遊戲時，我看到他在揍玩具。天啊！我到底對我的孩子做了什麼啊！」

過度的同理教育雖然也是問題，但也不能因此用打罵來教養小孩，因為這兩種方式都是以情緒為基礎。**兒子尤其不適合這種情緒化的教養方法，是因為孩子的大腦邏輯智能[3]比同理能力更早發展。**對兒子來說，要他站在對方立場設身處地配合對方，遠遠比不上「我可以做到什麼程度」的好奇心。

與兒子不同性別的媽媽，對此通常會感到驚慌。媽媽們理所當然地認為：我都說了，孩子就該聽懂啊！但兒子卻持續在試探媽媽的底線，媽媽也為此苦惱不已。而女兒和媽媽一旦建立「投契關係[4]」，就會對對方發出的信號相對敏感地去回應，反過來說，兒子的感受和媽媽之間的投契關係是另一回事，男孩對媽媽可以容忍自己的行為到什麼程度這件事，掌握得更加敏銳。

所以，對兒子來說「行動教養」是必要的，不要用「媽媽現在真的很不舒服，你想要媽媽因為這樣生病、死掉嗎？」之類帶有情緒勒索的話語，而是給予正確的方針，如果兒子不照著做，就以行動果斷處理。**所謂的「男孩行動教養」，就是正確地給予指示，清楚且溫和說明為什麼有這樣的指示，如果不依照指示來做，媽媽就會如何應對。**

---

3. logical intelligence，是指擅長邏輯推理思考的能力，包含對於抽象關係的理解、運用與分析處理等。
4. rapport，係指兩人間相互信賴關係的心理學用語。

不是說不能溫柔對待孩子或同理孩子，而是必須要認清一個現實——單純以溫暖和愛來教養孩子並不容易，特別是當你的孩子是男孩時。兒子會去挑戰媽媽的底線，如果沒有合適的制止方法，媽媽很容易有無力感。若是你家裡有個調皮的兒子，父母一定要學習不傷害孩子又能溫和制止他的方法。

男孩行動教養四方針：指示、說明、告知、執行

下面是媽媽與兒子間經常出現的場景。

1. 俊俊，要跟媽媽一起刷牙嗎？→**提議**
2. 刷牙俊俊的牙齒才不會爛掉。你要不刷牙，最後去醫院嗎？要去醫院找牙醫喔？→**說明**
3. 俊俊，媽媽講很多遍了。再這樣下去，媽媽要生氣囉。→**告知**
4. 崔俊俊！媽媽真的要生氣了喔？→**憤怒**

一般來說，媽媽之所以常在育兒時怒火中燒，是因為媽媽總是在重複**提議、說明、告知、憤怒**這樣的流程。而**男孩行動教養的基本重點是除去憤怒情緒**。憤怒是一種信號，例如「我這麼生氣，你看不出來嗎？」之

① 提議
要刷牙嗎？
② 說服
不刷牙要找牙醫喔。
③ 威脅
媽媽真的說很多遍了。
再這樣，媽媽要生氣囉。
④ 憤怒
崔俊俊，
你要媽媽
講幾次！

類的話；但其實媽媽只要說出來，並以「你現在可能沒有辦法調整，我來幫你」的協助角度直接執行就沒事了，只是要媽媽壓下不斷上升的怒火並不容易。

我也曾這樣對兒子大發雷霆。那天我正在開車，突然間車窗被打開，兒子開始往窗外丟垃圾，看到這一幕真的很讓我生氣。即使我不斷警告他不可以這樣子，兒子也沒把我的話聽進耳裡。

這種情況無論是誰都會抓狂吧？然而我會特別生氣是因為「我正在開車」。在只能以聲音表達憤怒，無法用其他方法阻止兒子行為的情況下，除了生氣還能怎麼樣。因為對我來說，除了「表現憤怒」外，我沒有其他方法了。但如果我們擁有不生氣也能有效制止兒子行為的方法時，就會更加有餘裕。因為我們掌握了不生氣也能制止兒子的關鍵。現在來回頭看，每次說刷牙就想逃避的俊俊。這是一般媽媽常用的溝通方式：

媽媽：俊俊啊，現在來刷牙吧？→提議

兒子：等一下啦，我先做完這個。→逃避

媽媽：你不刷牙，之後要去找牙醫喔。→說服

兒子：等一下啦，這個我還沒做完。→逃避

媽媽：俊俊，你從剛剛就一直在玩啦。要玩到什麼

時候？→告知

兒子：等我把這個做完嘛！→逃避

媽媽：太過分了！媽媽要生氣囉！→憤怒

一般的管教，之所以會以「憤怒」收尾，是因為媽媽想要用「話語」來解決問題。用「你應該聽得懂我講的話吧？」的想法來提議、告知，最後就變成憤怒。所以，不妨試著改成這樣：

媽媽：俊俊，那個做完就刷牙喔。→指示

兒子：等一下，做完這個就好。→逃避

媽媽：很好。現在做完了呢，去刷牙吧。→說明

兒子：等一下，我還沒好啦。→逃避

媽媽：俊俊，媽媽現在數到3，不停下來的話，我會把你抓進廁所幫你刷牙喔。→預告

兒子：等我做完這個嘛……→逃避

媽媽：1、2、3。還不停下來嗎？媽媽來幫你。→執行

像這樣倒數計時再行動，後續的教養就會簡單許多。因為兒子學到了如果不聽媽媽的話，就會發生下面這樣的事——媽媽雖然不會生氣，但是會直接把我

拉去＿＿＿＿＿＿。之後，在媽媽說出「再不聽話，我就要＿＿＿＿＿＿」的預告前，就能看到兒子大聲回應「好！」起身動作的模樣。

請記得，兒子的教養核心不在於「同理」，而是「行動」！

PART 1

教養兒子這件事

女孩媽媽不懂男孩媽媽的苦

人際關係的衝突，大多來自無法理解對方的需求。若你經常為「兒子到底在想什麼？」而苦惱，本書就是為你準備的。無法了解兒子的需求，就只能為無法理解兒子而煩悶；相反地，如果找出兒子內心深處的需求，你就能理解兒子的所有行為。

兒子為何會這樣？

男孩媽媽必須了解的事。

「因為是兒子，所以特別難教？」

為了回答這個問題，我向 1,402 名家有兒子的爸媽進行了問卷調查。其中，1,028 名（73.3%）的父母回答：因為「兒子」所以感覺到不容易，1,209 名（86.2%）的父母則回答：兒子和女兒本來就有與生俱來的差異。

那麼，在教育現場的專家、老師們的看法又是如何呢？從一份研修機構的問卷調查資料來看，2,154 名小學教師中，有 1,944 名（90.2％）回答：「曾經因為男孩而有班級經營困難的經驗。」由此可見，無論是專家或是父母親，狀況並沒有太大的不同，超過八成的人對於養育兒子、教育兒子感到困難。

並不是只有教養兒子才辛苦，將子女養育成人這件事對所有人來說都不容易。只不過教養一個和自己不同性別、性向的孩子這件事，又有其他想不到的難題。對於不曾愛過汽車、恐龍，或是不懂打架遊戲哪裡好玩的媽媽、女老師來說，兒子應該是可愛卻也讓人滿頭問號的存在吧？

具體來說，男孩究竟有哪些問題讓教養者頭痛呢？我們先來看看老師的困境。

1. 會開過頭的玩笑或做攻擊性行為（71.4％）
2. 上課時間耍寶搗亂，無法專心（45.6％）
3. 固執己見，聽不進其他人的話（38.4％）
4. 無法一次就聽懂，也不想理解別人想說什麼（37.9％）
5. 上課經常忘記帶課本或用具（29.7％）

從上述的五項常見行為，就能理解老師們在教室裡經歷的難處。站在媽媽的立場，勢必無法理解兒子為何要在課堂上耍寶，做一些不適當的行為，還因此挨老師的責罵；但是在男孩的世界裡，這是很重要的行為。有別於女孩的世界，在男孩的社會裡，和階級高的老師唱反調（耍寶、搗亂），是為了獲得認同。**想要理解男孩，必須要懂得「兒子需要被認同」的需求**，他們想要被認同的程度遠遠超過媽媽的想像。人類的各種需求當中，男孩對「認同」這件事尤其敏感。因此，為了獲得同儕的認同，兒子常會做出無厘頭的行為。

舉例來說，「電玩」是男孩從同儕身上獲得認同的一個方法。最初當然是因為有趣才去玩，但是電玩打得越好，就越能得到朋友的認可，所以偶爾也會發生放不下朋友的認可而勉強自己去玩的情況。

如果無法理解兒子這樣的需求，只想著限制他打電玩的時間，就很容易發生衝突了。兒子是為了維護自己的身分認同而認真地打電玩，媽媽卻什麼都不知道只會叫他「不要再玩了」，如此下來，很容易因此認為彼此無法溝通。

人際關係的衝突大多來自無法理解對方的需求。若你經常為「兒子到底在想什麼？」而苦惱，本書就是為你準備的。**無法了解兒子的需求，就只能為無法理解兒子而煩悶。**相反地，如果理解兒子內心深處的需求，你就能理解兒子的所有行為。寧願在教室裡被老師罵，也要做些怪事、耍寶讓同學大笑的兒子，到底想要什麼？兒子在路上跌倒了，只是想扶他起來，為什麼他要不耐煩地回應？為什麼寫個二十字的小作文，兒子就要叫苦連天兩小時？假裝聽不懂媽媽說話的兒子，到底想逃避什麼？如果能理解上述問題，就會找到有效的回應方法，讓我們一起來了解吧！

★ 教養原則 1

教養男孩之所以辛苦，是因為兒子的方方面面都和媽媽不一樣。「根本上的不同」和「必須矯正的問題」，教導兒子必須從這兩點著手。

困擾老師們的男孩教養問題

① 會開過頭的玩笑或做攻擊性行為。 71.4%

② 上課時間耍寶搗亂，無法專心。 45.6%

③ 固執己見，聽不進其他人的話。 38.4%

④ 無法一次就聽懂，也不想理解別人想說什麼。 37.9%

⑤ 上課經常忘記帶課本或用具。 29.7%

2

男孩真的不如女孩嗎？

別急著比較，先了解男孩的特性。

男孩和女孩，在先天上有許多的差異。我們經常認為男女只是「身體上」有差異，但實際上在大腦、荷爾蒙、染色體等方面也是完全不一樣。

先來看看大腦的發展順序。相較於女孩，男孩在語言相關的大腦部位或是控制自身的腦發育是比較慢的，經常有語言發展較遲緩、行動比話語快的狀況。

這並不表示男孩有問題，只是發育得比較晚而已，但是卻常常有媽媽因為兒子講不通，所以不耐煩。男孩也時常發生和朋友起衝突時，因為無法像女孩般清楚說明自己的立場，只會大聲爭辯，結果被貼上「過激的孩子」的標籤。

話雖如此，從另一個角度來看，男孩的語言發展雖然較慢，但是「行動優先」在挑戰新事物時，卻是很棒的特質。只是多數成人想要的是，男孩可以在人前控制自己，用話語自我表達。比較可惜的是，為了讓同齡的女孩和男孩可以一起在教室內上課，大人並沒有在教養方式上做出區隔。結果導致許多男孩在被要求輕聲細語、用文字表達個人想法、安靜傾聽老師說話、活用小肌肉剪紙等等的活動中表現落後。

這樣就代表男孩不如人嗎？不論何種情況都能找出逗人開心的點、投入自己熱衷的事、發現其他人看不到的事、為了獲勝不斷努力、活用大肌肉地跑跳，甚至是大膽地爬上高處等，都可以明顯看出男孩的能力所在。只不過這些都不是在教室裡會獲得認同的事。

站在男孩子的立場來看，要和同齡女孩一樣的「輕聲細語」或「安靜寫字」，並不容易，因此在教育現場經常會看到許多男孩被自卑感影響。對自己的期許極高，卻又覺得自己什麼都不是，因為無法疏解這樣的情緒而發脾氣。

尤其男孩子特別缺乏「客觀看待自己」的能力：明明考試時沒有仔細閱讀問題，會的題目也經常粗心答錯。要教他們時，孩子總說自己已經知道了，但真的要孩子自己解答時又答不出來。明明沒唸書卻堅信自己可以上首爾大學，這些都是典型的「後設認知不足」。

相對地，女孩比較能客觀地自我審視。自己的缺點在哪、現在是什麼情況、該做什麼事，都可以一一掌握。有個社會實驗是將男女分成兩個組別，真實評價對方的魅力程度。有趣的是，女性參與者幫自己打的分數和實驗對象打的分數並沒有太大差異；反之，男性參與者雖然可以客觀地審視其他人，但卻給自己很高的分數。由此可看出，學習客觀地自我審視，是多數男孩需要跨越的一座高山。

男孩們的「虛張聲勢」或是「後設認知不足」也不全然是壞事。在高估自身能力的情形下，就算是面對有困難的事也會勇敢挑戰。因為這種特性，所以不會把自己侷限在一處，願意以更開闊的角度思考。當然，偶爾也會有相反的情況，但是要讓一個孩子好好長大，在客觀理解自己的能力極限外，擁有完成新事物的理想和信心也很重要。

這種差異對於教養男孩會帶來什麼影響呢？各位可能聽過這種說法，兒子的同理能力發展較慢，但邏輯智能的發育卻是相對快速。發現對方好像心情不好的樣子，女孩通常會很識相地小心行事，但男孩的世界裡沒有「看情況」這回事。我曾私下和老師們聊過，對男孩子來說，最難的事情之一是「掌握狀況」，並不是說所有男孩子都是這樣，但是確實有許多實驗曾證明男孩在看人臉色、掌握當下情況的能力不足。

如果你家兒子的同理能力不佳時，就需要改變自己「應該懂得看情況做事吧」的想法。

★ 教養原則 2

男孩並非不如女孩。只要了解孩子的固有特性，就能看到兒子的獨有優點。

3

教養男孩的大難關

是該發火還是忍耐，到底該怎辦？

「兒子很難教耶！」

我曾和收養兒童管理機關的相關人士聊過，他說：「現在大家都不想領養男孩了。」表示想要收養男孩的人數正不斷下降中。類似的論點，我也聽扶助團體員工說過。該人員說想要扶助男孩的人逐漸減少中。近一步詢問後，發現原因是男孩子參加扶助活動的比例比較少，也不太會主動寫信給資助人。這點我很認同，實際看教育現場的狀況，就可以發現男孩通常不喜歡寫信。

雖然現在的時代，普遍認為兒子和女兒都一樣（比過往任何一個時代都強烈），但現實卻非如此，男孩媽媽一定是和同樣有兒子的媽媽們相熟，女孩媽媽也是和有女兒的媽媽們混一起。對老大是兒子的媽媽會說：「希望下一個是女兒。」、「如果老二是女孩就太好了。」萬一又生下兒子，媽媽間就會哀歎不已。

「兒子太不聽話了！要他別做偏要做，為什麼？」

教養兒子時常會出現想要理解他卻無法的情況。有些兒子不是無法掌控自己的想法，而是想要確認大人的底線到哪裡，像是在媽媽說話時嘻皮笑臉地唱反調或是挑戰媽媽的權威。

究竟，父母教養男孩時在哪些部分最辛苦呢？為了找出答案，我提出「養育男孩時最辛苦的一點是什麼」的問題做市調。男孩媽媽們回答如下：

第一名：無法講一遍就聽懂（74.5%）
第二名：沉迷於 3C、手遊（45.2%）
第三名：不適當的言語和行為（38.9%）
第四名：衝動的行為（28.6%）
第五名：學業問題（24.2%）

壓倒性的第一名和我在講座提問得到的答案是一致的。大部分的母親感覺最辛苦的問題是「講不聽，甚至會故意唱反調」。面對這種情況，媽媽們都如何應對呢？

第一名：大聲責罵（68.4%）
第二名：勸說孩子到成功為止（10.9%）
第三名：出手教訓（8.9%）

這大概是男孩媽媽經常聲音沙啞的原因吧。在韓國，當媽媽管不了兒子時，最常用的方式就是大聲責罵。雖然沒有出現在問卷中，但還有一個很多人的共同想法是「想要不用吼叫地教養兒子」。至於在「教養兒子時，我最需要這個」的問卷裡，有媽媽回答：

第一名：避免憤怒的情緒（72.3%）
第二名：維持平常心（67.3%）

第三名：保持一貫的態度（45.6%）

從上述統計可以得知，對教養兒子的父母來說，需求最高的就是心平氣和地對待兒子。「避免憤怒的情緒」和「維持平常心」分別是72.3%，67.3%，和第三的「保持一貫的態度」相比，勝出非常多。父母覺得教養孩子很難保持平常心，這並不是什麼新鮮的話題。我們都知道疲憊時可以深呼吸來平復情緒，但為何遇上這早已不稀奇的話題時，依舊覺得無法保持平常心呢？

因為情緒不是忍耐就會消失不見的東西，或是把「不要對孩子發火」這句話誤解成「就算想發火，也必須忍耐」的關係吧。一般來說，我們比較會在孩子犯錯時忍耐。但情緒就像水，只是一味壓抑總有一天會爆發出來。當我們因為孩子錯誤的行為而被激怒，硬是忍耐的結果，就是「無法在適當的時機管教孩子」。

舉例來說，當孩子從補習班蹺課，偷跑去網咖時，我們應該要立刻指正管教才對。就算因為擔心自己可能太過生氣而暫時離開現場，怒氣依然不會消失，只是在自己身上轉來轉去，最後這股怒氣就會在不相干的地方爆發出來。例如：看到兒子滑手機就想罵：「現在是玩手機的時間嗎？你是有腦子還是沒腦子啊？」這類不必要的話。

該教的事情沒教，卻把怒氣發洩在其他地方，這樣的管教容易造成孩子的「反抗心理」。孩子極有可能產生「雖然我不應該去網咖，但是媽媽說我沒腦子也太過分了」的想法。人類是種「不願意承認錯誤」的動物。認同需求越強的兒子，在遇到這種情況時，就會越反抗。

犯錯的當下，就是管教的最佳時機。一旦錯過，教養就會變得困難重重。當孩子說謊時，因為太過生氣一句話都不想說地忍耐，與其說父母是在緩和憤怒的情緒，其實只是強壓怒火而已。另一方面，已經盡力不要生氣卻還是無法控制，這樣的經驗累積多了，也只會讓媽媽更憂慮或無力。憤怒不能只是忍耐，而是需要適當地表現出來；隱藏怒意並不是好事，需要找地方宣洩，不斷地重複經驗並調整，這樣才是對的。

大家都想要不發脾氣地教養兒子。只要學習在不責罵孩子的情況下，讓孩子知道自己犯錯了，每個人都能心平氣和地教養兒子。最近有許多追求一家人（爸爸媽媽小孩），一起度過愉快週末時光的家庭，這絕對是個好現象。**但是對孩子來說，比起美好經驗和創造回憶，更重要的是平常爸媽就不會隨意地罵我。**

知道嗎？儘管父母會牢牢記得自己對孩子的好，但父母總是吼罵自己的凶狠瞬間卻會在孩子的心裡停留更久。一位母親曾經對我說過這段話：「我兒子都不遵守約定。我跟他說 18:00 前要到家，他每次都會超過時間。18:00 前到家，不就表示 17:50 得離開，我還幫他算好時間，但他總是回我：『知道啦！』最後還是超過 30 分鐘。我跟他說：我不要不把媽媽放眼裡的兒子，硬是撐了一兩個小時不幫他開門。本來以為這樣子他會反省，他反而理直氣壯地對我生氣。我真的不知道要怎麼教這孩子耶。」

兒子不聽媽媽的話，一定要想辦法解決。若是敷衍了事，孩子會覺得反正我不遵守約定，媽媽也不會怎樣，自然是越來越難規範兒子的行為。但是為了糾正兒子而把他關在家門外，這類激烈的方法相較於自己犯的錯，兒子更會陷入「媽媽把我趕出門」的想法，問題最後就會歸到媽媽身上。

處理兒子問題時，有一個重要指導原則——直接切入重點，讓兒子無法轉移問題。例如過度拉高管教兒子的強度，兒子就會不承認自己的錯誤，把焦點放在媽媽的管教過當。就算最初的原因是「因為你不把媽媽放在眼裡，所以必須受罰」，兒子也會認為「媽媽要為這種事把我關在外面？明明就是媽媽不對！」

這就是媽媽想要兒子反省，兒子卻產生反感的原因，所以我們的管教一定要直搗核心才能發揮效果。「要趁此機會從根本揪錯」這樣的想法其實都藏有怒意，媽媽的反應越是脫離問題的本質，效果就會越差。

兒子晚回家的問題，與其對孩子說：「你不把媽媽放眼裡，那就乾脆不要回來！」不如改說：「俊俊，再10 分鐘就是約定的時間，現在就該做準備了。如果你到18:00 都沒到家，媽媽就要去按朋友家的門鈴喔！」這樣的回應會比較接近問題的本質。

嚴格說起來，「不遵守約定，就要把你趕出門」比較像是一種報復和懲罰。要注意，報復很容易引起其他問題。如果說兒子犯錯的程度是 A，就需要精準地針對 A 行為來糾正。

★ 教養原則 3

就算是同樣的問題，也會因為父母的回應和態度，讓孩子出現不同的行為。我們需要的不是報復或懲罰，而是能改善孩子問題行為的對應。

〈管教過度的情況〉

〈管教得當的情況〉

4

狠罵兒子有用嗎？

爸媽反覆發火又後悔的根本原因。

都已經用了所有人都聽得到的音量說話，孩子卻一直裝作沒聽到，這種情況有哪個爸媽可以不生氣？偏偏教養書都要爸媽別生氣，想當然爸媽就因此崩潰了。

「孩子假裝沒聽見怎能不生氣？養小孩就得這麼佛嗎？為何孩子不聽話，卻是我被檢討？」

這是很多爸媽會有的疑問。孩子明明聽到我說的話，卻裝作沒聽見，爸媽生氣是理所當然的事吧？換做我，我也會生氣。但，這裡的問題不是「對裝作沒聽到的孩子發火」這件事，而是為何爸媽會把孩子的行為理解成「他明明聽到卻裝作沒聽見」。

不隨意對孩子生氣的祕訣不是忍耐，而是正確解讀孩子的行為。如果將孩子明明聽到卻裝作沒聽見的行為，解讀為「轉換能力不足」，相信爸媽就不會生氣了，也就是說，將孩子想成他們並不是忽視我講的話，只是陷入某種刺激中而跳不出來，無法把注意力放到媽媽的呼喚上。這樣的解讀並非要強忍怒意，而是要讓憤怒這個情緒消失。孩子沒有不把我放眼裡，只是轉換能力有問題，所以我們要幫助孩子轉換。

那些可以不帶情緒地處理孩子有意挑釁的大人，他們絕不只是忍耐而已，而是能夠理解孩子為何要這樣做，這是大人在管理情緒上的重要訣竅。

「我是學校老師，班上有幾個很愛跟我抬槓的孩子，我該怎麼辦？」

「兒子好像在跟我玩權力遊戲、挑戰我，我得展現身為家長的魄力吧？」

我常收到老師和爸媽諸如此類的提問。實際上，孩子想要挑戰大人這問題是真實存在的。當孩子對大人做出攻擊或是不適宜的舉動時，爸媽絕對不能當做玩笑地笑笑接受。這裡有個重要的關鍵，**大人不能認真和孩子對立**，如果大人也當真地生氣或是把它當作較勁，那就真的會變成對立了。

想著「孩子就是想跟我比」，就會在不知不覺間想要贏過孩子。建議把孩子的所作所為想成「因為他還無法完全信任大人，以為自己攻擊大人，大人也會回擊」，如此一來我們就會想讓這孩子願意信任我們。

曾有一位媽媽因為兒子很不會看場合說話，所以來找我。舉例來說，兒子搭電梯不會乖乖站著，總會對一起搭乘的鄰居說些不必要的話。

「媽媽，那個人的肚子好凸喔、他沒有頭髮耶！」

這些話光想就讓人難為情，想要鑽進地底下了。這位媽媽為兒子沒禮貌的言詞感到生氣，更擔心自己不在身邊時，兒子可能也是這樣不知分寸而遭人白眼或挨罵。我完全可以理解這位母親的心情。看著講話白目、行為沒大沒小的兒子，很多母親都會感到苦惱。對養育兒子的父母們來說，這確實是很常見的問題。但還有更大的問題是，因為這種心情所以在管教兒子時用力過度。

「你再這樣講話試看看！真是的，欠罵耶。」

孩子說出不合時宜的話或做出不適當的行為時，確實不能置之不理，必須糾正孩子錯誤的行為。但是，我們也不需要反應過度。當大人越是過度反應，講些不必要的話、表現不必要的情緒，孩子越是不會接受，反而會與之對立。

「用講的不就好，幹嘛生氣？不懂為何要這樣。」

明明是正常的管教，孩子卻表現抗拒或不肯接受的話，就需要回頭審視自己講的話是不是也帶有情緒在裡頭。該如何轉化自己的情緒，避免這些狀況發生呢？有些教養法會建議爸媽要忍耐 5 秒或是暫時離開現場，但我想分享一個更貼近本質的做法——**明確理解孩子為什麼會做出這種行為，就能大大緩和父母的情緒。**

教導孩子時有個關鍵的時間點——**改正問題的時間**，只是這種時候我們可能正在生氣。最後這位母親來找我，想知道孩子為什麼會講出這樣沒禮貌的話。

我和那位在電梯裡失言的孩子見面後，發現他確實是個習慣亂講話的小孩，但他之所以會這樣說話都是因為緊張、不安。這個孩子在電梯裡看見陌生男性就不由自主地神經緊繃起來，透過說出莫名其妙的話來找到安全感。

得知事情的緣由後，媽媽看待孩子的姿態也截然不同，想到孩子必須藉由不必要的發言來掩飾自己的緊張，甚至會覺得孩子有點可憐。所以我們改變了想法，對孩子說出適宜的話。

「俊俊是不是在緊張？但就算這樣，也不應該講這種沒禮貌的話喔。」

看到教養專家在電視裡溫柔對待孩子的態度，我們也想學習他們的說話方式。但其實，專家們看待孩子的觀點才是重要的。同樣的行為隨著解釋方法不同，因孩子行為而產生的情緒也會不一樣。

「沒把我放在眼裡，所以這樣做」和「他還不太會管理自己的情緒，所以我得幫他」用這兩種想法面對孩子，會出現完全不同的回應。大家應該都曾覺得專家們「不要對孩子生氣、爸媽要控制自己的情緒」的論點不切實際。在這種需要控制個人情緒的時候，更需要先去了解對方的意圖。很多單看行為會令人發火的事，在真正明瞭對方的原因後就不會生氣了。正確理解對方是情緒控管的第一步。

★ 教養原則 4

與其指責孩子的行為，理解行為的緣由更加重要。

BAD

〈電梯裡〉

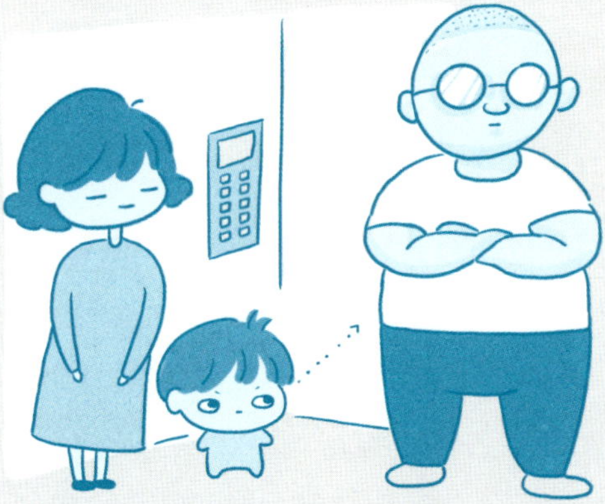

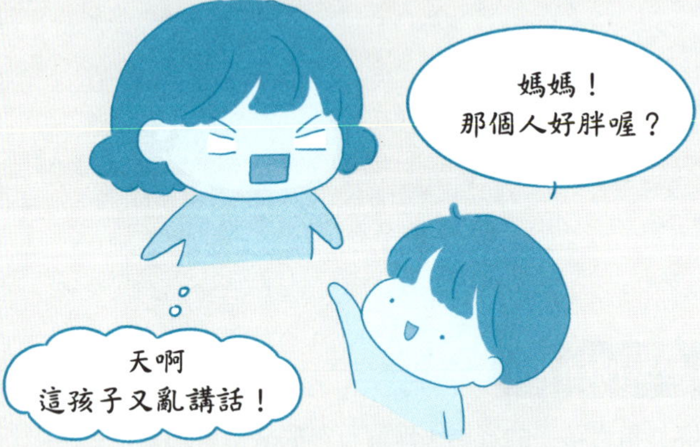
媽媽！
那個人好胖喔？
天啊
這孩子又亂講話！

不要亂講話，
趕快回家。

你怎麼老是亂說話。
你知道這樣子媽媽有多丟臉嗎？

盯——盯
哇啊……

人家好緊張！
莫名不安
這個人好胖！

俊俊，不認識的叔叔讓你緊張嗎？等下就出電梯了，沒事的。
嗯..

我們不可以沒禮貌喔！覺得緊張的話，就抓住媽媽的手。
嗯！

兒子 TV

話題影片✓

男孩媽媽要知道的事

和兒子融洽相處的三個重點

儘管多數的媽媽抱怨教養男孩很辛苦，但還是有少部分的媽媽覺得教養兒子很輕鬆。是否有可以讓母子關係變好的說話方式與相處祕訣呢？

重點 1　找出兒子擁有的優秀能力

能與兒子和樂相處的媽媽的第一個重點，就是**相較於兒子無法擁有的東西，她們更懂得找出兒子擁有的優秀能力**。這是什麼意思呢？如果我們試著去問兒子：「覺得媽媽是什麼樣的人？」通常會得到下面的回答：「我會做很多事，可是媽媽只看到我辦不到的事。」

聽到這種回答，真的會心疼這些孩子。每個孩子都有擅長的地方和不擅長的地方。對兒子來說，會比任何人想要獲得肯定；面對照顧自己長大的媽媽，更是想要被媽媽認同。但媽媽總是有辦法找出我的不足之處，而不是我擅長的事情，真是不可思議。許多兒子和媽媽之間的關係，就是從這裡開始發生變化。想要和兒子維持良好關係，一定要記得這點：**要改變兒子，從他的需求和動機著手會比讓他不安或是直接指責更有效。**與其去盯著孩子做錯了什麼，不如肯定孩子的努力。如果從這種觀點出發，和兒子之間的關係會變得更好。

重點 2　說接近根本原因的話

和兒子關係良好的媽媽的第二個重點，就是**要說接近本質的話。**兒子不擅長察言觀色，自然也無法發現媽媽的心情。大家應該都聽過媽媽在生氣時大喊：「別做了。就叫你不要再做了！」這句話是說我現在心情不好、我很煩，所以不要再做這件事。但是聽在「理性腦」比「同理腦」發達的兒子耳裡，這種話一點說服力也沒有。兒子只會想「媽媽叫我不要做這件事，那我再做一次會怎麼樣？」

那要怎麼說才對呢？必須要說明為什麼不要做這件事的根本原因。舉例來說，有個兒子一天到晚只打電玩，媽媽對此非常討厭且擔憂。這時候若是跟兒子嘮叨：「你如果有在想的話，就不應該玩啦！怎麼還一直玩，都不知道停手？」像這樣不管三七二十一只想要管束兒子行為的方式，只會招來兒子的反感。必須要改變說話的方式，用「打電動不是不好，但是玩的時候也要練習遵守約定、學會控制」。這樣的方式說話，兒子的態度就會和以前完全不一樣。

重點 3 陪兒子做他有興趣的事

和兒子關係良好的媽媽的第三個重點，就是**和兒子一起做他有興趣的事。**一般來說，兒子喜歡的東西，媽媽們大概都沒興趣。我們很少看到喜歡玩手遊電玩、恐龍或昆蟲的媽媽，尤其是格鬥遊戲，媽媽通常都討厭這些東西。但我會勸和兒子關係疏遠的母親，去了解兒子有興趣的事。試著和兒子玩一次他喜歡的電玩遊戲，也可以一起看 YouTube。

想要讓兒子少碰手遊，就必須要知道手遊是怎麼玩的。如果無法了解兒子為何沉浸在手遊世界裡、什麼是課金、為什麼要課金，就無法正確管制。就算兒子感興趣的事情和我不一樣，也要試著進入那世界和他一起經歷，牽著孩子的手引導他，這樣的態度是必要的。

目前為止，我們說了三個重點，但最重要的核心是，請絕對、絕對不要和兒子對立。不是「要兒子為媽媽改變」，而是要維持「同伴對話」的習慣。試著用「為了達到________，你必須學習________」的說法，千萬不要不分青紅皂白地阻攔、反對，這就是和兒子維繫關係的訣竅。

PART 2

男孩媽媽心好累

如何化解與兒子的衝突？

想要了解和自己不同的兒子，就有必要進入他的世界。如果兒子喜歡汽車，就跟著喜歡汽車；如果兒子喜歡玩手遊，就跟著喜歡手遊。希望各位媽媽都能卸下心防走進兒子的世界，從旁觀察兒子為什麼這樣。若兒子因為朋友而一整天都臉色不佳時，也請陪在他身邊了解真正原因。

1

為什麼
老是講不聽？

父母權威驟然下降的瞬間。

請問各位爸媽，教養兒子過程中哪件事最困難呢？我們針對教養兒子最困難的項目進行問卷調查，統計出來的第一名是「無法講一遍就聽懂」，占了近75%，不只壓倒性地領先其他選項，更是長時間地霸占榜首。

因此就算只是為了讓爸媽心情平和，我們也要思考

「為什麼兒子沒有辦法講一遍就聽進去」的原因。

第一個理由是**兒子的聽覺接收能力很弱**。曾有實際的實驗顯示：和女孩相比，男孩比較聽不到說話的聲音，尤其是同時說出兩個單字時，女孩子大多可以聽到兩個單字，但男孩連其中一個單字都聽不清楚。有趣的是，男孩子聽不到的聲音特別侷限在語言領域。也就是說，機械、恐龍或是唸書時有人從旁經過的聲音，他們都還聽得到。被診斷為 ADHD 的孩子，其中有部分只是將座位移到教室前方就改善許多，因為他們可以聽清楚老師說的話。

所以，當我們以為兒子是故意裝作聽不到時，真實的情形是他們真的沒聽到（即使待在同一個空間裡）。面對這樣會忽視我說話的孩子時，有個很重要的心理就是「孩子的聽覺接收能力可能比我想像的還要弱，他不是故意的」，請牢記這點。

第二個需要理解的部分是**「多工處理能力」的差異**。人類的大腦有個胼胝體，擔任連結左腦與右腦的橋樑角色。但是，男性與女性的胼胝體在尺寸上有很大的差異。以道路來比喻，如果說女孩的胼胝體是八線道大馬路的話，男孩的胼胝體只有一般路肩的寬度。如果兒子正專注在看漫畫或是打電玩，胼胝體就類似於塞車的狀態。

這時必須了解他們無法再接受其他的刺激。他們不是故意和大人作對，而是一旦專注在某件事裡，就接收不到媽媽給予的其他刺激。

理解**「兒子會因為各種原因而無法聽進我的話」**這一點非常重要，如果不了解，爸媽就會經常地發火。有人會想說是不是因為我都不會凶孩子，沒有身為家長的權威感，孩子才不聽自己說話。每次聽到家長這種想法，我都覺得很無奈。雖然會忽視父母的孩子確實是在心裡各有想法，但是凶孩子也不是正確的做法。

「講一遍就聽進去不是很正常嗎？為什麼兒子老是要我一樣的話講了又講？」

這是我從許多男孩媽媽身上聽到的抱怨，但這也是典型的「認知錯誤」，人類本來就不是講一遍就能好好聽進耳朵、記在心裡的動物。不相信嗎？請回想每次新年許下的願望，有多少是真正地履行實踐呢？應該有很多約定都沒有遵守吧？透過這點我們可以理解到：聽自己的話都不容易了，要年紀還小的孩子聽我的話更是困難

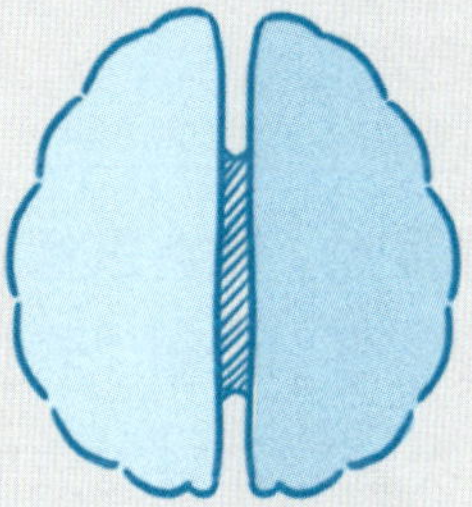

女孩的胼胝體

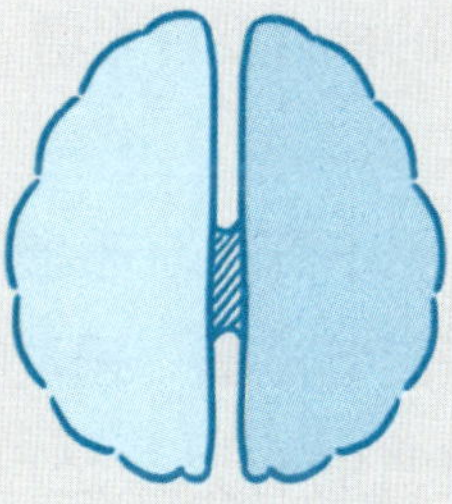

男孩的胼胝體

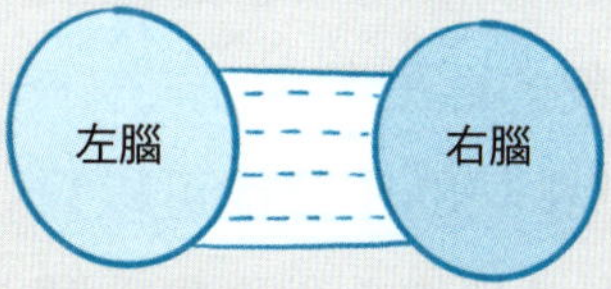

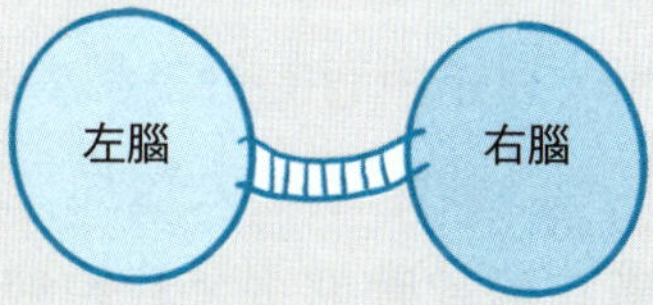

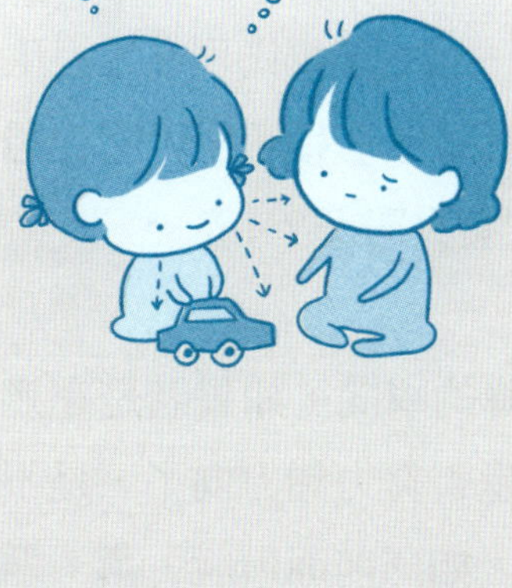
汽車！
媽媽好像
心情不好……

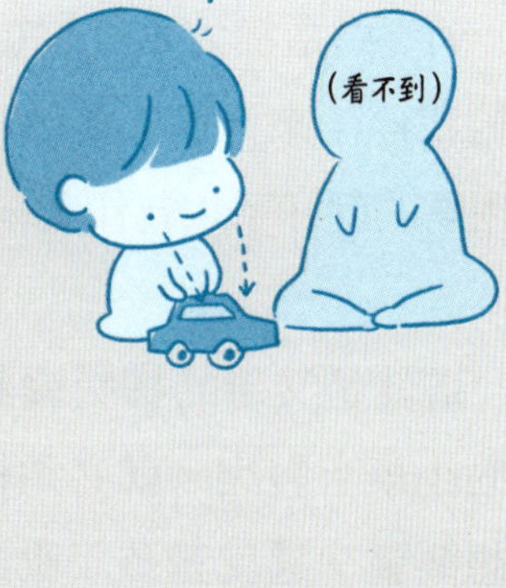
汽車！

的事啊。如果老是抱著「講一次就要聽進去」的想法，生氣的機會就會大增。

「不許再玩手機了，去刷牙、看書。」媽媽這樣對兒子說話，講一遍沒有聽進去是「很正常」的事。各位身邊真的有男孩是可以只要提醒一次就好好聽進去的嗎？有的話，一定要好好去認識、讚美、珍惜對方，他一定是個非常努力又體貼的孩子。如果你不了解這些事，兒子所有的行為都會是讓你憤怒的種子。

「我是不是太寵兒子了，隔壁鄰居的小孩都可以只講一遍就聽進去，我家兒子為什麼會那樣？我也想他聽進我的話。」一旦有這樣的想法，就很容易用力過猛地管教孩子。明明只要平靜地說就可以做到的事情，卻因為心想「講一遍就聽進去的孩子才正常」而開始對孩子發火。

若媽媽這樣大吼：「崔－旼－俊！趁媽媽現在還沒生氣給我停下來，你又開始不聽話了？」兒子極可能會想「用講的就好了，為什麼一定要發火罵人？」

這就是父母的權威驟然下降的瞬間。如果老是在無謂的小事上發火，就必須檢視是否努力錯方向了，是不是想要講一遍就讓孩子動起來。如同前面所說，**講一遍**

沒有聽進去本來就很正常，所以媽媽一定要溫柔地分次對兒子說話。

★ 教養原則 5

重複的叮嚀不會讓兒子覺得媽媽「可怕」，而是覺得媽媽「好有威嚴」。

BAD
玩太久了吧？
集中
我得要
讓他聽話才行。

你又不知節制了，
立刻關機去刷牙。

幹嘛發那麼大的火？

傻傻！
又聽不到我說話了。
集中

還沒到講一遍
能聽進去的年紀，
我得不斷重複才行。

俊俊，時間到了
該關機了！

還沒關機嗎？
現在要關掉囉！

2

為何要我凶才甘願聽話？

肢體暴力會傳染。

在網路上，只要有孩子錯誤行為的相關新聞，就會看到有人留言「小孩就是要打，才能改掉壞習慣」、「體罰很重要」。除此之外，男孩媽媽聊到不聽話的兒子，也經常出現下面的對話：「男孩是不是真的得要『打』，才壓得住啊？」

這樣的論點顯然是對男孩理解的不足。男孩子都很好勝，如果爸媽把教養理解為「要讓孩子屈服」，兒子勢必會欣然接受這場對決。若兒子把媽媽的管教視為與大人競爭的話，就必須要讓孩子知道親子關係不是比賽，因為**爸媽的教養並不是想要贏過兒子。**

我曾見過一個非要媽媽發狠、拿棍棒才肯聽話的兒子。這個媽媽最大的煩惱，就是兒子經常與同學起衝突、出手打其他同學，或是表現出想要支配一切的態度。我們是在孩子被學校召開暴力委員會、強制轉學後才見面的。看到這些敘述，許多人會猜想一定是爸媽對孩子太過縱容。事實上卻不是如此，這個男孩反而是很怕媽媽和爸爸。不過這樣的恐懼也只是一時的，孩子經常轉身就去欺負身邊朋友。孩子曾跟我說過一句話讓我印象深刻，就是「老師，你會跟媽媽說嗎？」

男孩的社會講求排序，這點在小學老師的問卷調查當中也出現過。所謂的「排序文化」是指看誰的力量比較大，可以支配弱小的態度，最大的關鍵就是認為「支配弱小是理所當然的事」。

從這層意義來看，我們必須檢討一下體罰這件事。體罰孩子的父母是因為「你不聽話，我為了要教你，才打你」。用「打」來處罰小孩確實可以矯正行為，問題是這樣的肢體暴力會傳染。有些孩子把這種行為當作因為自己沒有聽爸媽的話，所以才被打；當他遇到比自己弱小又不聽自己話的人，就會認為可以用暴力對待對方。

因此，我們必須要記得孩子在接受父母教養的同時，其實也在學習如何讓不服從自己的人乖乖聽話。父母絕不能為了追求立即見效，就輕易地體罰孩子。任何孩子都可以不靠體罰來好好教導。

★ 教養原則 6

確實會有以管教為目的的體罰，但是請牢記，無論如何都不能讓肢體暴力正當化。

因為你不聽話才打你。
因為我不聽話
才會挨揍。

為什麼不聽我的話？

3

功課沒做也無所謂？

教兒子找到動機。

小學老師教導男孩時最困難的事情當中，第五名是「上課經常忘記帶課本或用具」（640位，29.7％）。從以前就有這樣的說法：男孩很不擅長準備上課需要的東西。為什麼上課該帶的東西，兒子都不帶呢？有可能是把老師的話當成耳邊風，也可能是回家有更有趣的事玩到忘了。但我認為最大的原因是「男孩對這種事情不會有不安感」。

兒子們「不安感不足」的問題，其實看韓國兒童精神科醫師群執筆的 DSM（精神疾病診斷與統計手冊，Diagnostic and Statistical Manual of Mental Disorders）資料就能知道。一般來說，女孩比較容易罹患不安相關的疾病，而男孩則是比較常發生衝動相關的疾病。在這樣的基礎上，我們必須要思考**爸媽的不安，對兒子來說，可能根本不是什麼重要的事。**

舉例來說，站在媽媽的立場，就算把子女送進學校，心裡也常在擔心「會不會有其他媽媽都知道，但只有我不知道的事」。其他孩子都帶了上課要用的東西，只有我兒子一個人沒有帶，對媽媽來說是很嚴重的事，但多數兒子卻不這麼想。忘記帶上課需要物品造成的不便又不會怎麼樣，更重要的是和朋友一起玩遊戲的時間不可以被耽誤。

「不安」是個很重要的動機。許多事都是因為「不安」才開始，例如因為不安，所以幫忙兒子再確認一次聯絡簿，如果到睡前兒子的書包還沒有整理好，就會出聲提醒。看到了嗎？兒子在這種地方沒有特別地感到不安，這是個重要的提示。

如果妳經常質疑兒子「為何可以這樣悠哉？」希望上述內容能回答各位的疑問。兒子只是對這些事情沒有特別感覺到哪裡不對。請牢記，無論是兒子或媽媽，誰都沒有錯，你們就是不一樣的個體。但也不要因此就認定兒子的內心不在乎，舉例來說，許多兒子對於「被人看見能力不足」這件事，就很緊張。

所以，教養兒子時對他說：「你功課不做都在玩，這樣沒關係嗎？」是無法提升他的動機，不如直接說：「這題數學，你有辦法在30秒內算出答案嗎？」對兒子來說，會有強烈的致勝動機。

因此，我們可以歸納出，**相較於「不安」，以「需求」為訴求更能刺激他行動**；對兒子說：「不做這件事，你不會不安心嗎？」不如直接點出兒子想要的東西，讓他知道為了得到想要的東西，必須做出哪種努力。教導孩子唸書時，與其把重點放在告訴他哪裡錯了，不如找出孩子做得好的地方並且激勵他，這種方式對男孩來說會更有效。

身為父母，應該關心孩子想要得到什麼，而不是孩子害怕什麼。這樣的指導方式對於總是逃避，而不是想要得到某事的男孩來說，更需要練習。

如果女孩的行事動機是為了安全、不被同儕排擠、受父母和教師的喜愛等等，那麼**兒子的動機就是獲得肯定**。希望大家記得兒子想要的是：向爸媽展現帥氣的自己、被朋友接納獲得肯定、想做的事可以順利完成、拯救人們成為英雄等等。

★ 教養原則 7

想要兒子動起來，就要了解兒子想被肯定的需求，刺激他的動機。

BAD
功課不寫顧著玩，
這樣沒關係嗎？
沒事啊！
功課做完就可以放鬆心情地玩，
不是比較好嗎？
我現在就很放鬆啊……

傻傻，這題你可以在 30 秒算出來嗎？

我 30 秒就算好了，媽媽你看。
哇，真的好快！

4

男孩都喜歡動手動腳？

都是格鬥遊戲讓我兒子變暴力？

依據問卷結果顯示，在校老師最難理解的男生行為中，就是「過頭的玩笑或是攻擊性的活動」。比率高達到71%，在2,154位老師中有1,539位老師表示無法理解。教室裡，女孩和男孩的遊戲方式不一樣；女孩子比較會三五成群地聚在一起玩，而男生則是在教室後方你追我跑、我打你你打我，直接用身體來玩外加各種「嘿、哈、咻」狀聲詞的打架遊戲。

曾經有位男孩因為只愛畫怪物、殭屍之類的可怕圖案，所以媽媽特別來找我諮詢。媽媽擔心兒子是不是有情緒問題，否則怎會成天陷在這樣恐怖的圖像裡，孩子甚至會說些想要毀滅都市之類的話。媽媽不知道自己做錯了什麼，讓兒子變成這樣，深深感到自責。我先請媽媽先在一旁坐著，詢問兒子為什麼。

「為什麼想要粉碎都市？」
「因為我喜歡《環太平洋》裡面的怪獸。」

在我們深入聊天後發現，原來這個男孩從小就非常喜歡爬蟲類、昆蟲，最近更是迷上有爬蟲怪物出現的電影《環太平洋 Pacific Rim》，沉醉在怪物攻擊城市的場景裡。但，這就代表這孩子的個性扭曲嗎？他只是單純喜歡怪物角色，沉迷在都市被破壞的震撼感。接著，孩子對我說：「我的夢想是做出怪獸電影，最近好看的怪獸電影好少喔。」

我相信，與其說這個孩子是個問題兒童，不如期望他有潛力成為製作怪獸電影的導演。

我希望教養男孩的父母或師長都能注意一點，不能因為看到孩子的喜好就很片面地評斷。尤其是男孩特別容易喜歡格鬥型的遊戲，或是刺激性的主題。殺來殺去的鬼怪、殭屍、怪物，鮮血四濺的畫面，對男孩來說是非常普遍的世界觀。

我在大學時，曾經教五個小五女生、五個小五男生寫作文。為了培養孩子的「創意力」和「接受能力[5]」，我們用接力的方式來玩作文遊戲，方法是老師我先給一段文字，讓孩子各自接續完成小段文字。例如，我在黑板上寫下「老師早上起床，往身旁一看……」的短句，先讓一個孩子在3分鐘內發想後面的內容，之後再讓另一個孩子在3分鐘內繼續，最後，十個孩子合力完成一篇作文。

閱讀大家短時間內一起接力完成的文章很有趣，我到現在都還記得孩子們一邊在忍著笑，一邊努力寫出有趣內容、完成句子的模樣。

---

5. 從其他東西身上接受事物的能力。

好玩的是，男孩和女孩寫的文字有著非常明顯的差異。女孩寫著寫著就突然有感情線，變成戀愛小說。相反地，依照男孩的寫法，公主會突然吐血屍變，瞬間就變成鮮血亂灑、屎尿噴飛的故事。這並不是因為孩子有心理上的問題，而是大人對男孩的世界不夠了解。

男孩，就是打從本能地對這些事情有興趣。我經營的「成長男孩美術研究所」，現有的男孩學員超過 6,400 名，我們有個可以即時分享學員作品的內部網路，單看裡面的內容，就會發現男孩關心的事情都非常相似，槍、刀、飛彈、大便、尿尿、殭屍、怪物……這些讓人不舒服的東西，兒子們都很喜歡。

一定會有人認為男孩之所以暴力，就是因為他們愛看這些暴力性的媒體。但事實並非如此，男孩不是因為看了暴力的媒體才產生攻擊性，而是他們的荷爾蒙就是比較容易被攻擊性的元素、機械等等給吸引，所以想要吸引男孩注意的媒體就順勢朝著這個方向發展。

2014 年，英國 BBC 進行一場實驗，調查「性別角色」究竟是後天學還是天生本能。實驗內容是隨機放置車輛玩具和人偶玩具，看看猿猴會喜歡哪一種。和認為喜好會受媒體或社會眼光影響的現有主張相比，雄性猿猴喜歡典型的男孩玩具，而雌性猿猴則是喜歡人偶玩具。由此我們可以了解，男孩容易被打架遊戲吸引這件事，並不是後天學來的，而是一種本能。

這是個重要的訊息。在教養一個人的時候，首先要學習的是審視「不要觸碰到這個人的________」，例如，國籍、家人、種族、性別等，因為這些領域最後會構成他難以改變的「身分」。被打架遊戲吸引的男孩，不是因為錯誤教育所造成，而是需要管理和處理的本能。這就很像性教育，對性表現出濃厚興趣的孩子，與其想盡辦法讓他不要接觸到性，不如好好教導他如何面對性。

格鬥遊戲也是如此，不是教孩子不要碰、掩蓋過去就沒事了。這只會讓孩子以為媽媽不喜歡，所以要躲起來玩。不如告訴孩子「玩格鬥遊戲的時候也要講規則，不可以讓大家覺得不舒服」還比較實際。

★ 教養原則 8

「攻擊性」是男孩們與生俱來的氣質。玩「格鬥遊戲」前要先訂出適當的規則。

BAD
去死吧！
大壞蛋！
啊！
這個遊戲
真的很糟糕，
媽媽不喜歡
你玩這種遊戲。
嗯。
我是個喜歡糟糕東西的壞孩子。

GREAT
等等！
等等！
玩格鬥遊戲也要遵守規則！
我們來玩沒有人會受傷的色鉛筆戰爭！
呵呵呵
好好玩！
規則就是不能動手，
只用圖畫來打架！

5

看不出
對方不喜歡

要求兒子有同理心，不如和他講道理。

EBS 的紀錄片節目《孩子的私生活》，曾經播過一部以「男孩女孩同理心能力差異」為主題的影片。內容是媽媽在孩子面前拿著玩具槌子玩，假裝不小心敲到手指，觀察兒子和女兒的反應。結果是女孩都發現媽媽的不舒服，皺起眉頭和媽媽一起哭，男孩不是在一旁哈哈笑，就是一臉不知道該怎麼辦的樣子。

有些人會問是不是每個孩子都不一樣，是因為男孩天生同理能力比較差？關於這點，我們必須要正確理解生物學上的特性對孩子造成的影響。

舉例來說，女孩和男孩在教室裡玩的方式就很不一樣。女孩一旦組成小群體就會膩在一起，彼此關係很緊密；相較於特定的好麻吉，男孩比較是跟大家都維持好關係或是每次的組合都可以不一樣。

實際上，如果你去問兒子：「你在學校和誰比較要好啊？」越是高年級的孩子就越會答出群體裡所有成員的名字，或是回答：「我們都很要好。」女孩如果要在問答或運動競賽上和好閨密競爭時，通常會故意輸給對方或是偷偷觀察對方；反之，男孩要是遇上對手是好朋友時，就會越是想要贏過對方，甚至是在贏了之後還會去嘲弄對方以示慶祝。

這點在媽媽看來，真的是不能理解的行為。但這樣的差異來自於大腦發展的不同。舉例來說，面對同樣的問題，女孩會先同理，觀察對方的情緒再行動；男孩則傾向用邏輯來解決問題。如此的差異與其說男孩是錯的，更應該把它當作優點。也因此，女兒和爸爸之間的對話，經常出現下面這種問題。

女兒：爸爸，敏智好像討厭我了。

爸爸：為什麼？

女兒：她到昨天為止對我都很親切，可是今天在走廊上連招呼都沒打。

爸爸：妳看錯了吧？爸爸是怎麼跟妳說的。

在女孩注重同理的世界裡，任何微小的表情、手勢、動作，都代表了變化，所以，不能輕易忽略女孩表達的內容。但是，在重視邏輯的男孩世界裡，經常前一天激烈的爭吵打架，隔天又像沒事般地開心玩在一起，這點對媽媽來說真的很難理解。

兒子在面對事情時經常把邏輯放最優先，所以不會用偏見的角度去看待問題，他們最大的優點就是可以公正、講求邏輯地解決問題。相對地，也常被說觀察對方情緒的能力很差、社會性不足。實際上，我在幫男孩上課的時候，經常要去注意的一件事，就是「男孩們是否有在看著我、觀察我的動作」。很多男孩子一興奮起來是根本不會關心講台上的老師，自己盯著空氣或是看著圖畫……。但是，女孩子就會為了掌握老師的心思而努力，更常觀察老師的表情。

現在許多專家強調「I message 育兒法」。這種方法不會直接給孩子指示，而是用「因為俊俊只顧著玩遊戲，所以媽媽很難過」的表達，讓孩子自己調整行為。只是這種教養法比較適合熟悉人際訊息，「同理心」和「社會性」發達的孩子。同理能力發展越慢的兒子，越是容易認為「為什麼我玩遊戲，媽媽會難過？媽媽也是在看電視啊」。也就是說，媽媽想著「我都在難過了，兒子還是講不聽」，兒子則是認為「為什麼要難過」。因此，對邏輯能力發展較早的男孩來說，與其教他們要懂得看人臉色，不如從邏輯上說明為什麼不應該這麼做。從道德觀點著手，用「必須要遵守約定」的關鍵來教兒子更有效。

「俊俊，玩遊戲沒關係，但是違反約定就不行喔。今天先暫停吧。」

和男孩說話就需要這樣子。要注意的是，如果把停止行為的理由放在「對方會不開心」上，就會產生副作用，誤以為「趁對方不在時偷偷做就沒關係」。我可以理解爸媽想要教導孩子察言觀色。但是不管旁人情緒，只用自己認為正確的角度來看事情，這也不是正確的管教方式。**教養兒子時，比起同理心，「講求規則」更有效。**舉例來說，在教養同理能力較差的兒子，過程中很容易出現這種對話。

媽媽：俊俊，不能在家裡玩球。

兒子：為什麼？

媽媽：因為會吵到樓下鄰居，所以不行。

兒子：那我在沙發上面玩。

媽媽：在沙發上玩，球掉到地板一樣會很吵。

兒子：球掉下去為什麼會很吵？

媽媽：……

這種情況讓我們試試下面的對話。

媽媽：俊俊，不能在家裡玩球。

兒子：為什麼？

媽媽：因為會吵到樓下鄰居，所以不行。

兒子：那我在沙發上面玩。

媽媽：媽媽知道你想玩球。公寓裡不能玩球是大家一起定的規則。我們要遵守規則。

★ 教養原則 9

只要了解男孩重視邏輯思考更勝於同理心，親子間的溝通就不再困難。

BAD
你遊戲玩太多了，所以媽媽很難過。
為什麼？
就算媽媽難過，你也想要繼續玩嗎？你喜歡媽媽難過嗎？
沒有啊……。
到底為什麼我玩遊戲媽媽會難過呢？媽媽玩遊戲，我就不會難過啊……

為了不要讓媽媽傷心，
那我就偷偷玩……
!

已經超過約定時間了⋯⋯
怎麼還在玩呢？
時間到了，
不行玩了！
我還要玩啦。
沉迷

傻傻，玩遊戲沒關係，
但是超過約定的時間囉，
我們關機吧。

6

學校發生的事都不說

與兒子拉近關係的方法。

最近聽到一個故事，有個六歲男孩在幼兒園裡對隔壁座位的女同學大喊：「我要撕破你的臉！」據說，這個男孩會這樣是因為女生先在他耳邊說：「我要把你的作品都撕掉！」但是前面這段女同學的悄悄話沒有人聽到，大家只知道男孩喊了一句這樣可怕的話。

一旁的同學都被嚇到了，大家開始用奇怪的眼神看這個男生。很快地，這件事就透過孩子們的嘴傳到家長耳裡，該名孩童也在學校被排擠。至於男孩的媽媽，則是到很後來才知道這件事，手忙腳亂地了解狀況、處理。

「發生這種事，你怎麼都不說！」

這個案例當時的狀態已經算是處理得太晚了，孩子的評價變差，自尊心低落。到現在，我都記得為了恢復孩子的自尊心，和父母一起做的努力。

我和男孩媽媽聊天時，常聽到她們說總是很晚才知道兒子在學校裡發生了什麼事。女兒從學校或幼兒園放學回家，就會嘰嘰喳喳分享今天一整天發生的各種事，但兒子都不會，因此經常出現問題。

這一點在成人身上也可以觀察得到。女性只要見面、喝咖啡、聊天，不用特別幹嘛，就可以消除壓力。但是在男性身上，就會發現朋友之間如果要見面，一定得是為了要做某些事情，像是電玩團練、喝酒或打球。看看街邊的咖啡廳，在店裡三五成群聊天的人，都是以女性居多，若是去網咖或撞球場，則是男性占比較多數，從這些地方就可以看出男女的不一樣。

為什麼男孩不跟媽媽說自己的事呢？最大的原因可能是「情感連結需求微弱」，和媽媽分享會有風險，可能會被罵或是嘮叨。必須要有更強的動機，才會不顧一切地想要和媽媽分享。對女孩來說，和媽媽對話可以產生強而有力的情感連結、感覺到被保護，但兒子卻是想要**被肯定的需求高於情感連結需求。**冒著被責罵的風險來分享日常，對兒子來說是件很沒必要的事。

所以女兒在遇到壓力時會想加強情感連結，男孩遇到壓力時則是想要自己一個人。從研究男孩和女孩沉迷電玩的論文來看，受到壓力時，女孩子需要對話勝過於電玩，男孩子是更想要躲進遊戲裡，反映出來的現象就是女兒想和人說話排解，兒子則是去打電玩。

很多文章將這種現象描寫為「男人受到壓力就會躲去洞穴裡」，但我覺得用男人「不想被人發現自己的無能」這種說法可能會更精確。兒子的各種行為模式當中，媽媽最無法理解的就是「他們對肯定的高度渴望」。必須對這部分有深刻的理解，才能處理和兒子之間的各種狀況。

讓兒子願意「分享」這件事很重要，凡事不說、不分享，會讓所有事情的難度增加。為了不要養出遇到事情都憋著不說，獨自受苦的兒子，從小就要做「分享」

的練習。讓兒子累積把問題跟媽媽分享後，不會被責罵，媽媽也不會干涉自己的經驗。

重點是讓兒子從小錯誤的分享開始。不要把兒子不願意說出口的心情，當作他害怕表現出無能，這樣就會知道要如何選用對應的字句。

「你看吧。媽媽是不是說過不要這樣，你就是不聽媽媽的話才會發生這種事！」這些反應都會讓兒子想閉嘴。和媽媽分享問題後反而被罵，累積越多這種經驗，就會讓兒子更加堅定地認為不該隨便地跟媽媽講。當兒子做出不適當做的行為而造成問題時，真正該教他的不是「你就是不聽媽媽的話，才會這樣」，而是要讓兒子知道無論發生什麼事都應該主動分享。

舉例來說，兒子玩遊戲太專注不小心尿尿在褲子上，與其對孩子說：「媽媽不是跟你說想要尿尿的時候就要暫停，趕快去上廁所嗎？媽媽剛才有沒有提醒你去尿尿，有沒有？」應該換個方式對兒子說：「謝謝你跟媽媽說不小心尿尿的事，以後也一定要讓媽媽知道喔。」就算兒子想隱瞞自己做錯事也一樣。對著孩子大罵：「你為什麼不說、真的很欠罵耶！」不如換成「就算是俊俊做錯了也沒關係，媽媽不會罵俊俊，我們一起想辦法解決。跟媽媽說也沒關係，知道嗎？」這樣說更好。

希望各位可以反覆使用上述話語來教導孩子。讓兒子認知到，和媽媽分享問題，媽媽不會罵人或是說我沒有用，而是會一起解決問題。只要兒子能累積這樣的經驗，就會累積信賴感，堅信發生再困難的事都可以告訴媽媽。對總是想要獨自解決問題的兒子來說，完全地信任某人是種必要的訓練。

無論父母如何努力，兒子終有一天會需要和自己保持距離，這是很自然的過程。教育的目標不是「順從」而是「自立」，只要能這樣想就會接受孩子獨立的過程。希望各位認同這一點，思考和兒子變親近的方法。

男女對於「關係」的差異，在網路社群裡也很明顯。在媽媽社群裡，和孩子相關的故事特別能引起共鳴，和子女或家人相關的文章特別多。但是，在以男性為主的社群裡，相較於人際關係，更喜歡「特定主題」的文章。有趣的故事、喜歡汽車、格鬥競技或是足球運動，都是以一個特定主題來組成社團。

女性就算沒有特定主題也可以自然形成情感連結，與此相反，男性一定要有想說的話或是要享受的主題。因此，**要和兒子變親近，最好以兒子喜歡的主題為媒介來開啟對話。**

當兒子認為無論他喜歡什麼，媽媽都懂時，兒子就會感受到媽媽很理解自己，就某種層面來說，兒子確實是單純的生物。請注意，兒子與朋友的親近或疏遠，取決於對方有多理解或是多會玩自己正在玩的遊戲。所以才會有兒子因為朋友的關係，無法放下手上遊戲的情況。如同前面所說，**和兒子變親近的最簡單方式，就是和兒子一起進入他的世界裡。**

比較麻煩的是，兒子喜歡的東西，對媽媽來說通常都很難懂。像是兒子喜歡射擊遊戲，媽媽卻一輩子都沒想去玩槍，甚至就是沒興趣，這點我絕對能理解。但是，既然兒子是和自己不一樣的性別、個性，想要理解他的內心、和他有更多的交流，就有必要進入他的世界。

如果兒子喜歡汽車，就讓汽車走進我的人生；如果兒子喜歡打手遊，讓手遊進入我的人生。希望各位媽媽能卸下心防走進兒子的世界。這麼做可以一窺兒子為何對電玩如此著迷，也能在兒子因為朋友而一整天擺臭臉時，從旁了解真正的原因。

★ 教養原則 10

男孩普遍不善於分享。為了讓兒子累積媽媽可以和我一起解決問題的信賴感，請從兒子喜歡的事進入他的世界。

BAD
媽媽，我尿尿了。
媽媽剛剛問你要不要尿尿，為什麼不去？如果你聽媽媽的話，就不會這樣了！
真是受不了。
發生問題時跟媽媽說＝被媽媽罵

謝謝你跟媽媽說，以後發生這種事，
也要跟媽媽說喔。
嗚……

7

從哪裡學來這種話？

兒子愛說粗話怎麼辦？

孩子之間經常會有些流行用語，「芭比Q了」、「歸剛欸」、「GG了」各式各樣都有。看著兒子在長輩面前講一些不合時宜的流行語，甚至是粗話，心裡很容易一把火上來。雖然說不是只有兒子才會講粗話或是奇怪的字眼，但是兒子真的不會看狀況就亂講話，女孩子的眼力就是比較好、會閱讀空氣。在課堂上，經常做些白目發言打斷老師上課節奏的，大多是男孩子，而這也正是因為男孩子同理能力、判斷狀況和觀察對方情緒能力發展較慢的關係。

該如何面對兒子不懂看狀況、講白目的玩笑話或是使用不適當用語的說話習慣呢？雖然說是孩子間的流行用語，但是也有程度之分，所以得分階段來思考。以韓國的情況來說，常常有因為電視媒體帶動，有點粗俗又有點可愛的流行用語，但是要爸媽認同這些話，其實心裡也是有各種的疑慮。

雖然爸媽都會希望兒子不要隨便講這些話，但我可以先跟各位說這是不可能的，因為成長中的孩子總是在創造自己的語言。想想我們自己以前不也是創了很多大人都不懂的流行用語，還引以為傲？想要創造流行語的一個重要心理機制——每個世代都有想要擁有自己的歸屬感。

過去韓國有段時間很流行使用「KakaoStory」（簡稱KS），那是通訊軟體KakaoTalk附屬的服務。但是後來不知為何，某個時間開始好像變成沒有那麼多人用了。最關鍵的原因，據說是「長輩都在用KS」。原本只是自己想發言分享和朋友去哪裡玩，結果婆婆看到馬上在下面留言「真好，出去玩耶」，有不少人因為這樣而退出 KS。各位可以理解這種心情嗎？並不是討厭婆婆，但就是不想讓對方知道，希望這個地方是只屬於自己的空間，我想這是很多人的心情。

這點對孩子來說也是一樣。孩子雖然愛爸媽，卻也不希望我們跟他們混在同個圈子裡。KakaoTalk 剛推出時也是超級紅的，但因為不分年齡層都在使用，年輕孩子就開始轉去使用臉書訊息（Facebook Messenger）。想要創造自己的世界、創造只有自己與夥伴間才能懂的用語，是孩子的本能。當大人也開始使用這些話時，孩子們又去想別的新詞。所以，教導孩子拿捏說話分寸的重點不是「限制他們使用大人不知道的話」，而是「教孩子不要使用不合時宜的話」。面對會在媽媽面前冒出粗口的兒子們，如果對他說：「什麼好屌、芭比 Q，不要講這種話，你就是跟○○○一起玩，才學會這種奇奇怪怪的話！」孩子很容易會認為「大人明明也會這樣講話啊，媽媽什麼都不懂」。這時候，不如明確地告訴兒子：「要視狀況來說話，就算是開玩笑也要注意。」

再來就是用詞不雅的「粗話」、「髒話」。舉例來說，小學高年級或國中男孩就很常把這樣的話掛嘴邊，「乾，叫你過來啦北七喔！」、「媽的，你一個人去那邊要我怎麼辦！」

這些話媽媽聽在耳裡很難受，但是孩子之間的相處卻比自己想像中的好。就算會突然火爆地大吵起來，但好像一下子就沒事般地和好。這種情況可以當成兒子們把髒話當成彼此間的行話或暗號來使用。

只是，就算是這樣，也不能忽略孩子們說髒話的習慣。如果忽視不管，會讓孩子留下錯誤印象，認為大人不會阻止他們講髒話。重點是要透過孩子可以接受的方式，逐步調整說話的習慣。

「髒話不是好習慣。更重要的是，在長輩也在的公眾場合裡說髒話是不對的。」

正確教導孩子這個世界的規則是很重要的。「說髒話就是行為有問題」、「壞孩子才會講粗話」像這樣把問題放在講粗話的人格上，而不是使用粗話的行為，很容易引起反彈。因為對孩子來說，這就像拿到夥伴間的入場門票，而且就孩子的角度來看，有很多朋友會說粗話但是個性很善良。

另一方面，比較不會看狀況的兒子也經常因為做一些他覺得應該做的事而招致危險。有位媽媽這樣跟我分享兒子在睡前說的話。

兒子：媽媽，我跟妳說有個哥哥很糟糕。

媽媽：為什麼？

兒子：那位哥哥和另一位哥哥吵架，我就去要他們不要吵架，然後他就罵我：「○的，關你什麼事！」

媽媽：哥哥們吵架，你幹嘛多管閒事？

兒子：可是，吵架本來就不對啊。

媽媽：這話是沒錯……。

這種時候我們又該如何回應呢？站在媽媽的立場，聽到孩子講髒話就很頭痛了，別人吵架，兒子還跑去插嘴，這種把自己陷入紛爭中的行為，只會讓媽媽更加不安。這種時候勢必要教兒子理解「是罵人的對方不對，還是多管閒事的我錯了」。

「你聽到別人講髒話都沒有跟著說，也沒有用髒話罵回去，真的很棒。但是，之後遇到哥哥們吵架，最好還是不要去管人家。」

這樣對兒子說就夠了。太把焦點放在髒話上，會讓兒子反感，反而容易犯下該教的事被忽略掉的錯誤。舉例來說，很多習慣講髒話的男孩並不是故意或帶有惡意，而是因為缺乏正確的情緒處理方法才會如此。這種「兒子變成會說髒話的壞孩子了」的想法，只會讓教養的爸媽判斷力變差、容易感情用事。

希望各位爸媽能用「缺乏表現情緒的方式，只會導致孩子用錯方法」、「教導孩子不靠說髒話來表達自己的情緒」的想法，一起觀察兒子，不要誤解孩子的天生本質。

★ 教養原則 11

兒子講粗話的行為確實需要管教，但是絕不可牽扯到兒子的人格。

BAD
芭比Q了！
北七喔！
歸剛耶！
瓜張！
GG了！
很煩ㄅ？火大ㄅ？
（冒青筋）
大北七，
你太瓜張芭比Q了，歸剛耶
GG了吧
傻眼
…

北七，
你芭比Q了。
惋惜的視線
哎呀呀……
最近同學都喜歡這樣講話嗎？
不可以這樣跟大人說話喔。
你要懂得看場合。

8

不知道
要看時間嗎？

媽媽要照顧好自己的情緒。

各位媽媽是否曾在早上時間對兒子大發火？應該很少沒有這樣經驗的媽媽吧。明明已經都穿好衣服，卻在要踏出家門的那瞬間開始發牢騷、抱怨鞋子不舒服又哪裡不對勁，一旁的媽媽也就被引爆怒火：「鞋子又怎麼了？你是怎樣！」為什麼兒子老是在這種時間點做些白目事呢？事實上，這並不是兒子的錯。

如果兒子是在放學後這類時間充裕的情況下，才開始抱怨「鞋子不舒服」、「褲子很緊」……我們絕對會用比任何人都有耐心的心情與表情來聆聽。請注意，這裡有個重點，那就是**「如果時間充裕，教養就能好好進行」**的事實。

當然還是有其他的原因會惹媽媽生氣。舉例來說，每天早上兒子的動作都慢吞吞、拖拖拉拉，這種情況也很容易讓媽媽火大。永遠沒有辦法自動自發地起床，總是需要媽媽動手或大喊：「去洗臉、穿衣服、吃飯！」才能睜開眼，這樣子媽媽的憤怒數值怎會不上升。但是，關鍵不在兒子的行為，而是要找到為何自己會那麼容易被兒子的行為影響情緒的原因。

時間不充裕就很容易生氣，這是很理所當然的事，但卻不見得所有人都知道。假如兒子說：「為什麼媽媽老是生氣？」那麼最優先的課題不是教訓兒子，而是覺察自己的情緒。**相較於「調整」情緒，應該先「認知」自己的情緒。**

如果各位媽媽到目前為止都只是在壓抑情緒、死命地忍耐怒火，請從現在開始嘗試改變——不要壓抑而是覺察。當兒子早上又賴床爬不起來時，可以試著先這樣想「啊，看來我今天又要發火呢」只要這麼想，就能減少大爆炸的程度。

★ 教養原則 12

相較於孩子的行為，有時候更要先覺察媽媽的情緒。

BAD

5分鐘內把兒子
哄睡，就可以做
我自己的事了！

媽媽，
我想喝水。
你剛剛不是
喝過了？

GREAT
剩這時間了，感覺等等我又要發火呢。
媽媽，我想喝水。
我就知道會這樣！

9

只要奶奶在，你就這樣！

有了靠山，兒子就更搗亂。

平常會好好吃飯的兒子，只要奶奶一在身邊，馬上就不把媽媽的話聽進耳裡。媽媽雖然會用眼神警告，但兒子今天卻說出：「為什麼都要照媽媽的話去做？」這種平常不會說的話。

「今天奶奶在家，你就不聽話了嗎？」

孩子們好像擁有動物的直覺，總是會知道爸媽在哪些時候做事會有顧忌。平常乖巧聽話的孩子也會因為奶奶、爺爺在身邊，就覺得有靠山，可以不用聽爸媽的話。所以在**教養孩子時，一定要避免他人的介入或有長輩在場。**因為對於要管教孩子、給孩子立規矩的父母來說，旁人都會對教養孩子造成干擾。

更重要的問題是，孩子平常不聽話時就算了，只要一有旁人在，媽媽就更難管教。這種綁手綁腳的心情來自於擔心被人指手畫腳，這點對兒子來說也是一樣的喔。平常都沒事，但只要有不相干的人在身邊，就會莫名覺得照媽媽說的話去做很傷自尊心。我們必須要了解，這和「品行問題」無關，而是媽媽和兒子只要身邊有人，彼此意見就會相左的事實。

這種情況在教室裡也是經常發生。再乖巧的孩子，只要在同學面前被老師責罵，就會因為面子掛不住而出言頂撞。假如孩子覺得自尊心被傷害了，不肯承認錯誤，就需要避免被身邊的人關注，不妨暫時將孩子帶離現場，單獨對話。奇妙的是，這種在同學面前會抗拒的反應，改成一對一地討論，孩子就能接受了。

這點在家裡也是一樣——有人來家裡玩的時候，無論是孩子或爸媽都有可能做出不適當的行為。若出現問題，請移到沒有旁人的地方管教。不用「請客人離開」，暫時把孩子帶開就好，找個可以彼此單獨談話的空間。

最近韓國很流行「真相之房」這個詞（那是某部電影裡，刑警讓罪犯說出真話的情節）。我認為這個詞在教養孩子上也相當有用，但不是進去房間就很凶地訓斥孩子，而是要避免刺激孩子、避免孩子無法平靜思考，給孩子安靜面對問題的機會很重要。當兒子在旁人面前顧及自尊心時，建議爸媽和孩子一起進入「真相之房」好好地冷靜對話。

★ 教養原則 13

只要身邊有人，媽媽和兒子都會顧及面子。需要指正行為時，請讓兩人可以獨處對話。

BAD
我的孫子真可愛
挑釁
無視
太過分了……
有奶奶在你就這樣！你以為我不敢教訓你嗎？回家有你好看。
幹嘛對孩子這麼凶？
鬼臉

我的孫子真可愛！
挑釁
無視
傻傻，再這樣
媽媽要帶你去小房間喔！
我和傻傻
去聊聊。
哎呀……
不管在哪裡都要遵守
餐桌禮儀。這一點是無論有誰在、
去任何地方都要遵守。
好……

兒子 TV

話題影片✓

男孩媽媽要知道的事

面對期待獎勵的兒子們

媽媽帶著兒子一起設定目標，約定達成就給獎勵，這是很常見的情形。但是就我所知，有很高的機率最後都沒有得到想要的結果，這就是所謂的「獎勵悖論」。當獎勵很誘人時，關注點會被放在獎勵上而不是目標本身，反而增加失誤的機會。還有可能導致另一種副作用——沒有獎勵就不做這些本來就該做的事。

所以，面對這些過度在乎、計較獎勵的孩子，該怎麼做才好呢？

1. 該做的事就要做

那些理所當然該做的事，不需要用獎勵來引誘他們，自然地要求就可以了。把玩具丟得亂七八糟的孩子，沒有必要去跟他們約定：「把房間打掃乾淨，我就買冰淇淋給你」。一旦起了這樣的頭，之後就會覺得有獎勵是應該的。

假設之前曾經用獎勵來吸引孩子做該做的事，請從今天開始就即刻停止，不要跟孩子約定任何獎勵，明確地要求他去整理房間以及為何要整理房間。當然，孩子不會講一次就開始乖乖做。

因為這是打擊孩子自我決定的情況，所以要先做預告。打擊對方的自我決定時一定會有過渡期：需要有認知規定的時間，預先說明當孩子不遵守規定時，媽媽會做出什麼行動。

至於道德倫理或生活常規以外的領域，就需要引導孩子的內在動機，他才有可能執行，這時候就必須知道要在何時激勵孩子。自我主導性強的兒子，有個特徵就是會把打擊他的自我決定當作攻擊。與其盲目要求孩子去做事情，刺激孩子本身的興趣才是激勵的重點。

例如想要教兒子使用相機拍照，與其對孩子說：「你用相機拍照，我就幫你〇〇〇」，不如讓孩子懂得拍照的樂趣會更好。雖然這事大家都知道，但是知道之後還要去實踐卻不那麼容易。

鼓勵孩子的首要原則是考慮孩子本身的能力，接著是從孩子喜歡的事情出發。與其教導孩子用相機拍照，不如讓孩子去拍自己喜歡的東西。想要教孩子的事和他們喜歡的事之間絕對存有差異，如果能把我們想要教給孩子的事，調整成他們想主動去學的事，就能大大引發孩子的動機。輕易地拿出獎勵，反而會降低事物本身的樂趣。動手做的第一個動機不能是獎勵。做自己喜歡的事，過程中伴隨著獎勵；因為獎勵而感到開心固然很好，但若是為了獎勵而行動就會失去事情本身的樂趣。

舉例來說，在孩子學英文時約定要給獎勵，不如讓孩子試著用英文寫他最愛的恐龍單字或是漫畫人物的名字。但是在此之前，爸媽要做的是要關心孩子、了解孩子的喜好，甚至是現在的孩子流行什麼、什麼最受歡迎、想要做什麼事。

2. 讓孩子知道樂趣所在

明確告訴孩子為什麼要做這件事，讓孩子知道事情本身的樂趣。就是因為不知道為什麼得做，所以孩子才會執著於獎勵。因為不懂為什麼現在得去唸書，才會問完成之後，自己可以得到什麼。要求孩子去做他討厭的事情時，請務必向孩子說明原因。請注意，要配合孩子的興趣和理解程度去說明，不要過於強調想跟孩子說的大道理，以至於無法把要告訴孩子的事跟孩子關心的事物連結在一起。

3. 明白其中的意義

若想讓一件事能被孩子長時間的關注，而不是短暫地被逼著做，就必須讓孩子知道其中的意義。當孩子從被要求的行為中感受到意義與價值，才能引導出長時間的變化。那些可以長期堅持做某件事的人，其祕密就是懂得在自己做的事情中找出微小意義。

要在某件事上達到成就，正確知道這個成就的意義是很重要的。就如同孩子唸書時，家長必須從旁檢查，但不是檢查他哪裡做錯了，而是檢查、找出孩子的努力。

「你很認真地解題耶，媽媽都看到你的努力了。」受到如此肯定的孩子，才會真心地主動去學習。各位知道要完成一件事時，哪個階段最辛苦呢？沒有人看到自己在努力的時候最辛苦，即使原本也沒想要特別展現給誰看。可以想看看那些煩人的家務，日常生活裡即使認真做也不見得看得出來的事，就是那些家務瑣事了。

但是如果聽到「家裡好乾淨、好棒！」這樣的話，做家務的那人心情會如何呢？孩子也是一樣。在讓孩子受到鼓勵而主動想做某事的這件事上，父母扮演的角色很重要。沒有什麼事比看到孩子的努力，更有意義。

4. 給予反面動機

與其說「可以幫媽媽倒水嗎？」不如換個說法，像是「好像沒有人想幫媽媽倒水喔？」結果會有很大的差異。前面的說話方式，孩子很容易直覺抗拒說不要；但是後面的說話方式，就會是讓孩子自己想到，並且決定要去做。男孩在面對困難的題目時，常會有「要不要挑戰」的糾結心情。這時與其催著他去挑戰，不如用「這件事對你來說，好像有點難」來切入，男孩們只要挑起好勝心，就很容易被煽動想嘗試。

我的老師曾經說過一句話：「沒有樂趣就不會開始，沒有意義就不會持續。」真的非常有道理。

PART 3

需要「行動教養」的兒子

從「喊不動」變身「主動做」！

容易陷在自我世界的兒子，雖然很能專注在自己的內在世界，卻不擅長掌握對方心思，因此會誤解媽媽的管教。但是再好的意圖，若是因為誤會而無法好好傳達給對方，彼此的對話就只會流於表面。一定要去蕪存菁，去除不必要的情緒、傳達最重要的事，並且掌握教導孩子的方式。

CHAPTER 1

就是少根筋？

——關於先天氣質

與其指出孩子的問題、否定孩子的特性，不如發揮他與生俱來的強項；想要做到這點，父母必須懂得「等待」。唯有如此，孩子才能喜歡自己的氣質。

1

缺乏耐心的兒子

培養「延遲滿足」的能力。

眾所周知，「育兒」這件事最需要的就是時間。尤其是家有兒子的媽媽，應該都很怕兒子喊：「好無聊喔，要玩什麼？媽媽陪我玩啦！」媽媽們的體力絕對無法滿足兒子想要玩耍的需求。

在這種時候，兒子需要的就是「學習等待」。相較於滿足兒子無時無刻都想要有人陪玩的需求，不如帶給兒子時間雖短暫卻印象深刻的遊玩體驗。要做到這點，爸媽一定要安排好時間，因為爸媽都有自己要處理的事。

對兒子來說，學習「等待」是很重要的事。男孩主管自我控制能力的前額葉，先天上的發展就比女孩慢。試想，那些和「衝動」有關的問題是不是大多出現在男孩身上。可能有人會想「誰不會等待？為何還要特意去教？」但是如果沒有在適當的時間內教會孩子等待，就得經常面對兒子不必要的憤怒和耍賴。為此，必須讓兒子懂得「等待」，如果孩子無法理解「等待才能實現」的道理，教養的難度就會明顯提高。

這就是延遲滿足的能力[6]。缺乏延遲滿足的能力，容易被視為沒有耐性的孩子。爸媽不可能在兒子每次想要有人陪的時候就立刻抽身陪伴，所以兒子需要養成這種即使沒有手機或電視陪伴，也能自己渡過大多數時間的能力。

延遲滿足能力是教導孩子時，很重要的指導項目之一，即使需要花費時間學習。方法上，大致可以分為四個階段。

6. 自制力的從屬領域之一，為了更大的結果而自發性地抑制即時的享樂和獎賞，忍受因需求延遲而產生挫折感的能力。

1. 彎下身子，直視孩子的眼睛，向孩子說明需要等待的時間
2. 明確告訴孩子等待過程可以做什麼事
3. 遵守約定
4. 慢慢拉長等待的時間

當然啦，多數的父母都是在不自覺中教導孩子等待，但就是沒有特意約定的狀態才會遭遇困難。舉例來說，自己正在洗碗，孩子卻在腳邊拉衣服吵，這時候媽媽通常是「沒看到媽媽正在洗碗嗎？你等一下！」敷衍地回話，甚至會讓孩子覺得再繼續吵，等等就要挨罵了。絕不能用指責的態度和孩子說話，甚至是沒有遵守約定地結束對話，為什麼？我來詳細說明原因。

1. 沒有明確提出該等待多久

在有重要事需要兒子認真聽的時候，相較於用「來媽媽這邊，你看著媽媽的眼睛」這句話開場，「媽媽想跟你聊 3 分鐘……」這樣有明確說出時間的方法會比較好。因為對兒子來說不知道何時能結束的等待，真的很困難。

不妨想想公司主管在會議上落落長、不知何時能作

結的發言，這樣的狀態如果一直持續，員工的心情會如何？教導孩子學習等待時也是如此。為了讓孩子懂得等待，必須給出明確的時間。雖然是依孩子的能力來決定時間長短，但是剛開始學習的孩子，我的建議是 2 分鐘。重點是這個時間不要太長，以免太容易失敗。

2. 沒有告訴孩子等待時可以做什麼

有個知名的心理實驗「棉花糖測試」。只要孩子等待一段時間，沒有吃掉眼前的棉花糖，時間到時，就會再多給孩子一個棉花糖，這是非常有代表性的延遲滿足能力實驗。而能熬過誘惑，多得一個棉花糖的孩子有個共通點——不會緊盯著棉花糖，而是玩著其他遊戲熬過誘惑。無法等待的孩子是把棉花糖放在眼前忍耐著，成功的孩子都懂得把注意力轉移到其他地方，這就是轉換能力。也因此，不懂得等待的孩子，在媽媽說：「等等。」時，會一面問：「那我要幹嘛？」一面哼哼唧唧地糾纏哭鬧。

「再 2 分鐘媽媽就去陪你，你先疊十個積木好嗎？」

必須這樣明確地跟孩子說。聽起來可能沒有什麼差別，但是這樣的說法可以讓孩子明白「等的時候只要玩其他遊戲，時間就過得很快」。出門旅行搭車時，孩子問了上百次「還要多久啊？」，就是教導孩子等待與轉換能力的最佳時間，可以這樣跟孩子說：

「大概再 10 分鐘，我們先看看窗外，找找綠色的東西好嗎？」

3. 沒有遵守約定

這是指孩子都乖乖等待了，媽媽卻沒有遵守約定來陪玩，最後孩子就會不信任媽媽的約定。孩子乖乖聽話但媽媽沒有遵守約定的話，一定會在孩子心裡留有印象。雖然媽媽可能是臨時有狀況，突然有客人來拜訪或是其他重要的事，但還是有必要展現說到做到、遵守約定的樣子給孩子看。

教導孩子等待（延遲滿足能力）時，最重要的過程就是遵守約定的環節。一旦在孩子心中留下「媽媽（爸爸）都不遵守約定」的想法，孩子就不會乖乖等待。

「我們今天先回家，明天媽媽再陪你玩久一點。」就算這樣說，孩子也不會相信。因為他已經認定即使自己乖乖聽話，媽媽也不會守信用。大人總是忘記當我們在評價孩子時，孩子其實也在評價大人這件事。心理實驗也顯示：相較於老師違反約定而出作業的情況，當老師遵守約定後再出作業，學生乖乖完成的比例比較高。

教育裡最困難的一部分就是「遵守約定」。我們的生活時時刻刻都在發生變化，在大人的世界裡，有時候會覺得和孩子的約定沒什麼，例如孩子看電視看到入迷，看似忘了吃完飯要一起去買果凍的約定，我們可能會覺得那就算了，但其實孩子的記性比我們想像的好。今天小小的失約，下次無法等待的機率就會變高。

請不要忘記，等待（延遲滿足）指導法不只是單純的約定，最終是要告訴孩子：這個世界值得你信任。

★ 教養原則 14

不要讓孩子「漫無目的地等待」，也請務必記得「向孩子提議時間」、「告訴孩子可以做什麼」、「等待後遵守約定」。

如何教兒子學習等待

① 彎下身子，直視孩子的眼睛，
提議需要等待的時間

媽媽要洗碗，俊俊
等媽媽 5 分鐘好嗎？

② 明確告訴孩子等待過程
可以做什麼事

!
俊俊先去
堆積木等媽媽。

③ 遵守約定

俊俊真棒，
謝謝你等我。
呵呵

④ 慢慢拉長等待的時間

這次可以等
媽媽 10 分鐘嗎？
嗯！

2

習慣逞強的兒子

愛逞強也是有優點。

「老師，我家兒子好像很愛逞強，有時候我都覺得他簡直是自不量力了；要他做事，就會說沒問題、我都辦得到。這個是不是該管管啊？」

所有養育兒子的父母，都有一個必須要跨越的障礙——兒子愛面子、逞強的問題。男孩子天生就愛逞強。之前有個實驗，可以幫助我們理解這一點：經濟合作暨發展組織國家中，有八個國家要求青少年男女回答十三道題目並評分其結果。發現一個有趣的地方，在十三道題目中有三道是虛構的數學概念，詢問這些孩子是否理解，結果這八個參加實驗的國家，男孩都寫下「我懂」。如果只有一兩個國家是這樣，我們還可以視為文化差異，但是八國的男孩都這樣回答，幾乎可以想成是生物學上的差異。

兒子的逞強也不盡然都是壞事，確實不用太過負面地看待，但是坐視不管的話，也有可能讓自尊心下降，因此是個需要好好引導的課題。在教育現場經常可以看到很多男孩嘴上說自己可以，但內心深處並不相信自己。自尊心變低就是這樣來的。

「這個我本來就會，我一定要比其他人更厲害。」
「實際做了卻辦不到耶！」
「絕對不能承認自己辦不到……」
「被人發現我其實很弱怎麼辦？」

〈男孩的常見反應〉

①「完蛋了」型

②「都是別人的錯」型

③「好無聊、好無趣」型

④「逃避」型

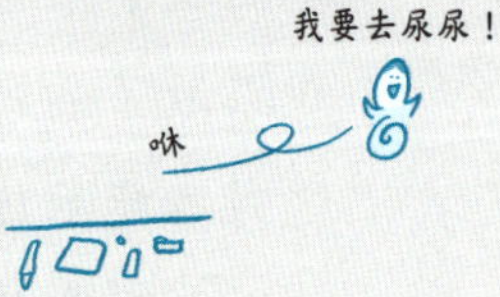

我覺得兒子們逞強的問題點就在於：現實與理想的差距太大。有夢想有抱負沒錯，但現實中的自己卻沒什麼了不起。比較令人訝異的是，多數男性都被這樣的問題困擾著，男性之所以愛看英雄電影也離不開這個原因——深受男性喜愛的英雄故事，其故事邏輯幾乎都是平凡無奇的普通男性，偶然獲得超人般能力來拯救世界。這正是可以了解男性需求的最佳範例。我們需要正視男性的需求，從小教養男孩如何面對這樣的需求。

之前在教導男孩時，很多男學生都想著要做出超難、超厲害的機器人。「老師！我要做出真的可以穿的鋼鐵人盔甲！」

這種時候如果直接要孩子去試，孩子就可能因為過程中的挫折，東做做西做做假裝一下後，說：「我要去做別的東西。」但若是一開始就跟孩子說：「這個太難了，你不行！」直接打擊孩子，孩子也會覺得老師不認同自己，認為老師討厭自己。所以，有句話一定要對這種孩子說：

「俊俊，老師相信你一定可以做出鋼鐵人的盔甲，但不是今天。困難的事情要一步一步來。」

這樣說之後，可以先讓孩子去畫鋼鐵人盔甲的圖畫，必須想辦法回歸現實層面，讓兒子達成目標。如此反覆地灌輸，他就會在不知不覺間慢慢領悟到，所有偉大的結果必須經過努力才能達成。只有明瞭到這一點，兒子才能原諒沒有辦法像英雄那樣馬上做出帥氣盔甲的自己。有些男孩就是無法這樣認知，將無法成為英雄的自己埋藏起來，遲遲無法面對世界。每次看到這樣的男孩，我心裡都會感到無限的惋惜。

★ 教養原則 15

請讓兒子了解理想與現實的差異。隨著年紀逐漸長大，自然會成長為自尊心高的男孩。

理想
我不要做了！
現實

俊俊，我們一定可以做出鋼鐵人的盔甲，但是要一步一步來喔。

3

永遠在恍神的兒子

愛上天生的特有氣質。

注意力不足過動症（ADHD）在男孩身上很常見。根據統計，男孩人數比女孩多了四倍以上，而依我在教育現場的感受，散漫的孩子幾乎全都是男孩。就算不一定有 ADHD，男孩也經常給人衝動又散漫的感覺。看著一刻都無法靜下來的兒子，媽媽的內心總是不安。

因為擔心兒子是不是有過動問題、會這樣散漫到何時、會不會因此在學校被老師罵……所以許多媽媽都希望盡可能在兒子上小學前，改善 ADHD 症狀。雖然媽媽展現出來的態度是「肯定兒子本身的模樣」，但是一看到其他相對能夠專注，感覺乖巧的孩子，心裡又會不住地想「我是不是太放任他了」，開始催促兒子。

這裡有個必須要知道的重點，就是當我們越是想要徹底改變兒子的某種特質時，就會經常地對孩子生氣。爸媽之所以突然情緒大暴走，無法好好處理兒子問題的原因，就是過度執著於想將壞習慣連根拔除。

然而，可惜的是，不管是哪種問題，越是想要消除，就越容易變得更嚴重。就像如果經常指責有妥瑞症狀（TIC）的兒子，他的症狀就會變得更嚴重；指責內向的孩子不夠大方，孩子的行為就會變得更內向。這種時候，我們需要相反的想法——**不是強制消除孩子的問題，而是教導孩子愛上自身的特質。**

因此，面對老是散漫、不專心的兒子，爸媽該說的話不是「你到底在恍神什麼？這樣子在學校可以專心嗎？」，而是要對他說：「你會因為這種特質而成功，你擁有其他人沒有的超能力。」

我經常在教育現場看到許多無法專心的兒子，隨著時間過去，越來越失去活力和自信心。這些孩子對自身評價低落的原因，就是因為身旁的過度指責。在我和那些為散漫特質所苦的孩子聊天時，孩子經常這樣回答我：

「俊俊，你擅長什麼呢？」
「我？我沒有擅長的事。」
「俊俊，那你覺得自己是什麼樣的孩子？」
「我是不聽話的壞孩子。」

問題就是從這開始的。散漫的孩子並不是都如此自尊低落。孩子的特質不是問題，問題在於因為特質而被反覆指責，最後變得沒有自信，希望各位能用此觀點來看待這問題。

我當然能理解爸媽和老師之所以責罵孩子的心情。然而不接受孩子的特質，一味相信「只要我從旁持續提醒，孩子就可以改變」，這種想法反而更危險。再說一次，兒子的散漫、不專心不是學不會的問題，這是他與生俱來的氣質。

在我長期指導孩子的觀察中，我發現這些孩子也不是一直都這樣分心恍神。很多男孩過了青春期後，就在某個瞬間突然改變了。原本一刻也靜不下來的調皮男孩，隔了一陣子見面，發現他的個性變得完全不一樣。孩子天生的氣質或許不容易改變，但是個性卻可能隨著時間、努力與否而改變。

並不是說小時候性格內向，長大後就一定不愛說話。而是內向的人，如果想要長大後變得很會說話，一定要經過一段認同自己特質的時間：認同並真心喜愛自己的內向，才能讓自己的社會性成長。容易不專心的兒子也一樣，必須要經歷一段喜愛和認同自身特質的過程。

可以幫兒子的散漫命名為「超能力」、「潛力基因」或是「天賦特質」。注意力不集中雖然容易形成自卑心理，但是只要孩子能真心喜愛自身的特質，就會有顯著的發展。

★ 教養原則 16

越是指責兒子的不專心，兒子越容易失去自信。請記得，孩子的散漫不會永遠如此。

媽媽，老師說我都不專心，為什麼我會這樣……
你會因為你的好奇心而成功。那是你才有的超能力，我們一起練習控制好嗎？

4

出現 ADHD、妥瑞症狀的兒子

緩和孩子的特殊症狀。

即使是隨時都精力充沛、不專心的男孩，也不是每個人都一樣。隨著時間慢慢過去，有些孩子會越來越能控制自己的特有能力，看到其他人沒有注意的事。但，有些孩子就算長大了，卻出現其他的問題行為。為什麼有些孩子會變好，有些孩子卻是惡化下去呢？

如果從教育的角度，而非治療的角度來看，原因很明確——**相信自己，懂得自我調節的孩子會漸漸好轉；不相信自己的孩子則是維持原有狀態。**

尤其要注意兒童精神科醫師很常提的「二末三初」現象。有注意力不足過動症的兒童，到了青春期大多會急速好轉，但少部分是從小學二年級末、三年級初時，出現不安障礙或是憤怒，而急速惡化的原因就是周遭人們的關注和指責。我們必須要抱持「保護兒童免於社會指責」的觀點。

2005年，有部以「海倫・凱勒」為主角的電影《黑色的風采》(Black)。影片中，海倫・凱勒的老師見到眼睛看不到、耳朵聽不到，行為猶如野獸般的海倫，選擇用肢體接觸來教育海倫，她會一面高聲叫喊一面抓著海倫，在她手掌上寫字教她。這段內容讓我印象深刻，我感覺到老師想要教海倫的，不只有文字，還有對自己的「信任」。

「你可以思考，你是個很棒的孩子。不要放棄。」

這就是教育中最重要的部分。再優秀的教育者也沒有方法去教導不願意學習的孩子。在我接觸過的散漫的男孩中，確實有些孩子給我放棄自我的感覺。

「反正我就是不行。我本來就這麼差勁啊，你最後也會討厭我。」陷入這樣想法的孩子，給他再好的藥也沒有用。他必須要先找到對自己的「信任」才行。只要找出自己擅長的事物，找回對自己的愛和信任，再散漫的孩子總有一天會改變。

問題是在孩子找到對自己的信任前，這個世界就急著先矯正和指責他們。理所當然地重複指責會毀掉孩子的自尊。要知道，那些以服藥控制症狀的孩子，不只是在和散漫搏鬥，也是跟外界社會的指責搏鬥。所以我想對家有 ADHD 孩子的父母說，比起壓制症狀，更要優先找回自信與自尊，這一點非常重要。

對無法集中注意力的兒子來說，專注不分心地完成某件事情是必要的經驗。必須要累積集中精神的經驗，才有辦法產生自信心，找到調整自我的方法，讓自己越來越好。也不要過度把焦點放在自我調整上，我曾看過爸媽要求有過動問題的兒子「停，我們立正 3 分鐘不要動。」這種情形也讓我感覺無奈。因為這樣做，孩子並不會知道為什麼要調整自己。

是因為站在大人的立場，才會覺得孩子過動、孩子有問題，但當事者是否因為自己的不專注而感到不便，又是另一個問題。大人單向要求不知哪裡做錯的孩子改善行為，這樣的壓力只會加深反抗心理。生活上的壞習慣也一樣，如果孩子咬指甲，與其對他說：「不要再咬了！再咬，我就罵人囉！」不如告訴孩子想咬指甲的時候可以做什麼事轉移注意力。舉例來說，可以跟孩子說：「真的想要咬指甲的話，我們試看看用力按摩手指。」就很好。

我的 YouTube 頻道《兒子 TV》曾邀請韓國心理學博士張根英，他說：「就算我們有能力教人做某事，也沒有辦法教人不要做某事。」約翰・霍普金斯大學的兒童精神科教授池羅英也說，面對有妥瑞症狀的孩子，不用要求他們「不要眨眼睛」，而是「想眨眼睛的時候，輕壓一下眼睛」這樣子轉換行為會比較有效。

媽媽：拜託你安靜好嗎？

兒子：為什麼？

這樣的對話，難免引起對方的反抗心理，最終就是累積失敗的經驗。要讓容易分心的兒子集中精神，最好的方法是從孩子喜歡的事出發，教導孩子「為了達成目標，就算遇到不喜歡的部分也要忍耐」。

舉例來說，我只要遇到無法集中精神的男孩們，第一件事就是找出可以讓他集中注意力的事，一起畫畫或是動手手作。明白告訴孩子，現在要使用熱熔槍完成作品，所以我們必須牢牢按住作品 10 秒鐘，直到零件完整地黏合，帶著他一起倒數 10 秒。站在孩子的立場，這麼做絕對跟莫名其妙地要求他安靜 10 秒鐘不一樣。

孩子無法控制自己的行為，有很大的原因在於大人的動機。「我認為你有必要調整」和「為了把你喜歡的事做得更好，必須要暫停一下，集中精神思考後再行動」兩種說法是不一樣的。因為前者的動機出於父母自身，後者的動機則是父母想幫助孩子。安靜 10 秒鐘的理由不是「因為你有問題」，而是「為了完成你喜歡的事」，其中的差異非常大。

驚人的是即便是注意力不足過動症的孩子，只要找到自己喜愛的事也能展現出高度專注力。問題只是孩子無法對喜歡和不喜歡的事「分配注意力」。雖然名稱是「注意力不足」，但其實「注意力分配不足」才是更適合的說法。不能只教孩子喜歡的事，更要從孩子喜歡的事物出發，在遇到自己不喜歡的事時也願意努力調整。

醫師在診斷注意力不足過動症時，很重視「遇到不喜歡的事是否也能集中精神」，反而不那麼重視「可否在喜歡的事物上集中注意力」。然而，反覆達成喜歡的事的經歷，對於「自尊心」有決定性的影響。如果因為不喜歡又不知為何要做的事反覆被指責時，就會讓自尊心低到無以復加。我們可以從幫助孩子做他想做好的事開始，而不要從孩子做不到的事開始。

沒有人可以教導人做不願意做的事。就算是手捧黃金萬兩，只要不是對方想要的，就稱不上是禮物，那只是令人不便的好意而已。所以爸媽不能埋頭在想要兒子改掉無法專注的問題，應該要幫助兒子達成想要的事情，並且養成觀察孩子自尊心的智慧。對孩子來說，「調節的意志」比藥物更重要。

雖然上述內容是以注意力無法集中的孩子為中心，但是用來引導好惡分明的男孩，效果也很好。想要改善兒子注意力不集中的最佳方法，不是大吼：「坐下！」來教導他。重要的是找到孩子喜歡的事，慢慢連結到想要教導的主題。

★ 教養原則 17

與其把注意力放在問題行為上，不如以孩子的自信、自愛為前提，幫助孩子培養自我調節的能力。

BAD
老師說話誰在吵鬧？
乖乖安靜 10 秒鐘。
同學們。看看我！
10…9…8…7…
我連安靜 10 秒都不行，
我是個壞孩子。

要把車子變堅固，
就要用力按住 10 秒鐘不動。
你可以嗎？

我要忍耐才能做出超帥的汽車
10…9…8…

5

容易不安的
膽小兒子

給予孩子安定感和信賴感。

雖然男孩平常好像都大喇喇地活力四射，任何小問題都可以不當一回事地跳過，但實際狀況並非如此。很多男孩子就算可以壓低著嗓子說話，模仿大人的行為舉動，只要膝蓋磨破一點皮、看到一點鮮血就會驚嚇得大呼小叫。還有些兒子是對從高處跳下這種事完全不知道害怕，但是被朋友戲弄時就會躲起來偷哭。

白天時可能是天不怕地不怕地瘋玩，但到了晚上睡覺又是另一種模樣。即便是不把媽媽的責罵、訓斥放眼裡的兒子，在他害怕或不安的時候，還是需要有人從旁溫柔地陪伴。

有個案例是位對塗抹藥水特別害怕的男孩。「又不是要打針，我都還沒碰到就先叫，這麼膽小是要怎麼在世上活下去？」媽媽的煩惱真是各式各樣都有。為什麼會這樣呢？可能是因為孩子還分不清楚是不安還是疼痛，因為太過緊張，所以誤以為真的很痛。這種時候只要幫助孩子，教他們區分情緒的方法就可以了。

兒子：好痛喔，嗚嗚好痛！

媽媽：俊俊，你是怕痛所以害怕嗎？如果是這樣，你要說害怕。分清楚是痛還是害怕？

無法好好處理情緒的人通常也無法認清自己的情緒。一面生氣一面否認自己生氣了，不安時卻用發脾氣來表現，而不是表現出不安的模樣。要教導兒子控制自身的情緒，就要訓練他們先區分自己的情緒。

面對還沒碰到傷口就先尖叫的兒子，與其罵他：「我都還沒開始擦藥，你不要裝了！」比較好的做法是對孩子說：「你不是痛，你是害怕。你現在很害怕對嗎？」告訴孩子正確的表達方式。要妥善處理孩子的情緒，必須先了解他現在正在什麼樣的情緒上，並且給予預告，因為不安大多是來自於未知的事。

害怕進入新環境的孩子並不是害怕新環境，而是對「進到不熟悉的地方產生陌生情緒」這件事感到害怕。人類是懷著對於未知事物的不安而進化的。兒子只是這個能力比其他人運作得更敏銳而已，要改善此事的最佳方法就是一步一步去理解自己不熟悉的領域。

或是像孩子很容易害怕的看醫生，多做幾次模擬，讓孩子事先理解治療過程，之後實際發生時就會相對容易一些。去牙醫診所會遇到的醫師、需要躺在什麼樣的椅子上、用什麼樣的道具治療⋯⋯詳細說明這些內容都會大大降低孩子的不安。反過來說，當孩子害怕時，不等待孩子情緒穩定，而是強硬執行的話，很容易讓孩子失去信賴感。

特別容易不安的孩子，必須要給他一個能夠信賴的人。其實，孩子很清楚有些事，即使害怕或對自己有難度也要去做。只不過，他需要大人的體貼和等待的時間。舉例來說，孩子需要的人是在他害怕水的時候，不會突然把他推進泳池，或是當他害怕看牙時，不會把他綁在牙醫診療椅上。請務必記得，對於因為初次踏入游泳池而感到不安的孩子來說，他們最需要的一句話是「如果你不想，我們隨時可以離開」。

如果在沒做好心理準備的情況下就被推進水裡，之後可能就再也不信任那個人，或是不想再接近游泳池。與其如此，不如先花點時間，將手、腳泡在水裡玩玩，幫助孩子一步步面對各個階段的不安。很多時候，孩子的這些不安只是時間的問題，慢慢地克服就解決了。

當然，即使不這麼做，孩子也會隨著年紀增長而自然學會駕馭各種不安。不過，我們還是希望孩子可以沒有任何傷害或負擔地平安長大。

★ 教養原則 18

當孩子對某件事特別害怕時，相較於威嚇他，更需要的是可以耐心等待他的智慧。

BAD
我還沒碰耶，
你是男生，
怎麼這麼膽小？

GREAT
傻傻，這個不是痛，
你只是害怕。
媽媽來跟你說等等要怎麼治療。

6

不達目的不死心的兒子

適當拒絕孩子需求的方法。

「老師，我兒子只要不給他什麼，沒有順他的心就哭得唏哩嘩啦。他想要的東西就一定要得到，想要做的事也是。我試過跟他硬槓，但是他真的哭得太厲害了，我實在拗不過他。」

確實有一種男孩的需求特別強烈。面對這種孩子必須要了解，孩子不是故意要耍賴，而是他真的需求比較高。最常出現的特徵，就是當無法得到自己想要的東西時會激烈大哭，就算媽媽叫他們別做某件事，也依舊堅持要做。年幼的孩子通常會這樣，但是如果都超過六歲，還是反覆出現這種情形，就要考慮孩子是否屬於高需求類型。

這種孩子就像胸口掛著一顆充滿氣、快要爆炸的「需求氣球」。爸媽固然辛苦，但孩子自己也會因為過於強烈的需求而感到吃力，很容易被誤解為沒有把大人放眼裡的固執小孩，是需要特別管教的對象。另一方面，如果這種孩子被用錯誤方式管教，也會厭惡大人或覺得自己很差勁。這類孩子需要的不是戳破他的氣球，而是慢慢地把氣洩掉，降低需求的指導方法。

因為巨大需求而倍感吃力的孩子，面對大人的拒絕時尤其脆弱。只要媽媽堅決地反對，眼淚就像氣球破掉一樣大爆發。這種情況如果反覆發生，父母和孩子協商時可以談判的籌碼就會變少。只會形成孩子既無法聽進父母的話，父母一反對，孩子又會用超乎想像的大哭來回應，如此的惡性循環，雙方都只感覺到疲憊。

面對這種狀況，最好的方法就是像要洩掉氣球裡的空氣，一面降低孩子的需求一面處理問題行為。舉例來說，現在有個為了得到某樣東西而耍賴的孩子。

兒子：媽媽，我要這個，我想要。買給我！

媽媽：媽媽說了很多遍，不行！

兒子：為什麼？我不管、我要！

媽媽：俊俊，媽媽剛剛就說了，下次再買。

兒子：不要！我不要！

媽媽：你怎麼這麼固執？這樣不帶你出門了。

兒子：不要！不要！

上述對話模式，與其把它當成錯誤的溝通方法，更可以看作是忽視兒子處在一個無法調適需求的狀態。調適需求的重點在於：指出孩子的需求後再明確傳達「不行」的立場。簡單來說，就是拒絕說不行，不過要**先點出孩子的需求，再說出不行**。一開始就說「不行」，兒子會直接陷入對立狀態，穿起防禦的盔甲。所以，與其直接說不行，先說：「你現在想要〇〇〇嗎？」找到兒子需求後再拒絕，比較不會觸動不必要的情緒。

父母的問題就是採取和兒子同樣強烈的態度去拒絕他的需求。如果爸媽強硬地拒絕，兒子一開始是因為得不到想要的東西而哭，但之後就會轉成為父母的態度而哭。因此可知，面對兒子的需求氣球，其實不一定要特別為他做什麼，只要明確地理解、找出需求，就可以讓兒子慢慢消氣。

兒子：媽媽，我要這個！我想要！買給我！

媽媽：俊俊想買喔，可是今天不能買耶。

兒子：我要、我就是要，買給我！

媽媽：俊俊看著媽媽。你想要這個嗎？

兒子：對，我要！

媽媽：媽媽知道俊俊想要。不過，今天不可以。

兒子：人家想要嘛！我想要！

媽媽：俊俊哭了，沒關係。你一定很難過，媽媽也很想買給你，但是今天不行。

兒子：可是我還是想要！

媽媽：媽媽知道俊俊想要，媽媽也很想買給你，不過今天不行，我們等俊俊生日那天再來買。

★ 教養原則 19

雖然孩子在需求過於強烈時很容易無法自我調適，但是需求也是孩子未來完成某件事的重要動力。請幫助孩子磨練這個強力武器。

〈需求強烈的孩子〉

呃啊啊
需求
好想玩
好想要

不行、
不可以！
擊破
BAD

媽媽知道你的心情，
但是現在不可以喔。
戳
消氣
GREAT

……我忍耐一下好了。

7

抗拒新環境的兒子

好好對應敏感特性的方法。

「老師，我家兒子每到一個新的地方他就很抗拒。明明進去之後都可以適應得很好，但是一定要有這個流程。為什麼啊？」

疫情過後，孩子拒絕去幼兒園的問題瞬間暴增，感覺至少增加了五、六倍吧。看著不願意去上學的孩子，相信父母的心情都是複雜的，甚至開始煩惱「難道是在學校發生了什麼事？還是我不應該硬是把孩子送去幼兒園？我家孩子有分離焦慮症？」隨著時間經過，開始出現許多「只要孩子抗拒，那就不送去學校」的父母。

問題是這個現象會影響兒童的整體發展。人生在世，總會有不想做也得做的事，這些事情勢必得要想辦法完成。**處理不安的最有效方法，就是反覆地消除這些不安**——一開始因為不安而覺得做不到的事，實際去做後就發現沒什麼問題，如此重複這個過程，就能領悟到這道理。一旦因為擔心孩子受到傷害而延後挑戰，孩子就會產生錯誤想法：可以永遠逃避這件令自己不自在的事；而這個想法會遏止孩子的成長。

如果孩子真的是因為環境有問題而不肯去幼兒園，找出問題的態度也很重要。問問自家孩子或是周遭的同學，務必要和老師分享。只是，希望各位爸媽能明瞭，大部分孩子之所以抗拒去上學，不盡然是院方的問題，很多時候是因為孩子的「敏感」。如果兒子平時就常因為一些不舒服的小事而哭鬧，或者事情一不順心就有情緒的話，就有很高的機率會耍賴、不願去上學。

這樣的孩子，即使只是小小的刺激，在他身上也會表現得比其他人更強烈，並且因此而不安，會有各種降低不安的防禦機制。如果孩子屬於敏感個性，父母的照顧就會日益細緻，例如：預先幫孩子解決不舒服的事、孩子討厭的食物都不會上桌等等配合兒子情緒的「照顧服務」，這種情況也會讓孩子更加抗拒上學。**爸媽的照顧越是無微不至，未來孩子就越難離開爸媽的保護**。要知道，媽媽和爸爸的小心呵護對於敏感孩子的獨立，極可能是種毒藥。

不久前，韓國網路上一位國中老師寫的文章，令我印象深刻。「以前的孩子，如果忘記帶課堂上要用的東西，就會想盡辦法去借；但是現在的孩子遇到這種情況就只會原地呆坐著……」

過多的愛和照顧會讓孩子陷入嚴重的依賴。為了要幫助有這樣問題的孩子可以順利踏進校門，最好是營造「冷淡」的氛圍。當孩子覺得「幼兒園很冰冷，媽媽的懷抱很溫暖」時，可以想像他們不願鼓起勇氣離開家的心情。這時候我們要做的，不是過於照顧孩子的情緒，但是要用堅定的態度告訴孩子「當然要去學校」。必須避免這樣說：「不想去？為什麼不想去？去學校很好玩啊，你可以玩車子、有同學……」

越是想說服孩子，孩子的防禦心就越強，在說明為什麼不想去的過程中就真的不想去了。再加上「只要我下定決心不去，就有可能不用去」的希望，孩子就更難放棄了。在這種時候，爸媽需要的是接納孩子的心情，但是不接受孩子的行為。

「媽媽知道俊俊不想去，我可以理解。但是一定要去上學。」

如果平常就很少聽到爸媽這樣說話，孩子自然會反應激烈。「為什麼，以前都可以、現在就不行！」孩子極有可能會因此而大哭大鬧。但是，現在沒有狠下心教導孩子，之後就會更困難。希望爸媽都能以堅定的態度將敏感孩子一步步推向外面世界，歸根究柢，教育的目標就是要孩子能自立。

★ 教養原則 20

接受孩子的心情，堅定地面對孩子的行為，讓我們成為孩子的靠山、將孩子推向世界。

BAD
○○○幼兒園
傻傻不想去嗎？
怎麼了嗎？
媽媽比較
溫暖、學校
不好玩

GREAT
○○○幼兒園
媽媽知道傻傻不想去，
我可以理解。
但是一定要去上學。
沒辦法。

8

不會控制憤怒情緒的兒子

處理孩子的情緒，但是別被捲進去。

教養最困難的瞬間，就是孩子陷入「恐慌」時。這是在高度不安或是調節能力不足的幼兒身上經常出現的現象。主要是孩子陷入瞬間的情緒，會高聲尖叫、不分青紅皂白地亂打人等等無法控制情緒的模樣。

我們經常在戰爭電影裡看到，在子彈橫飛的戰場上士兵恐慌症發作的呆滯模樣，大概就是這種情形。已經處於難以理性思考的狀態，這時若再大聲地對他喊叫或說話，只會招來更嚴重的症狀，並沒有效果。

這種時候，一般的方法就是等待孩子自行調適。許多人會說就讓孩子自己哭到累、哭到停，哭到自己恢復理智，也就是要爸媽不插手或是從旁觀察，直到孩子知道爸媽不會動搖。舉例來說，有個因為玩樂高積木而瞬間暴怒的兒子。他一邊哭喊疊不好積木，一邊又哭著要媽媽幫忙，甚至整個人躺在地板上耍賴。這時如果我們按照一般教養書的方法「忽視孩子」，兒子就會因為媽媽不理自己而生氣。

一開始確實是因為玩積木不順利而生氣，現在卻是因為媽媽的不理人而生氣。原本在第一階段就可以解決的問題，瞬間提升到第二階段。萬一又不是獨子，一旁還有其他手足需要爸媽照顧的話，需要花費的時間就會更多、也更加困難。更重要的是，原本只是小小的情緒，經常地陷進去就可能會養成習慣，變得更難解決。那麼什麼方法才有效呢？

和大家分享一個我自己已實際運用多次，最有效的方法，不需要對孩子生氣或責罵，也可以縮短恐慌發作的時間，培養孩子自己走出情緒的力量。

瞬間暴怒是恐慌發作的一種狀態，需要明確的幫助。處理的重點，不是用外部的刺激來強行壓抑，而是讓孩子跳脫恐慌狀態的方法模式化，幫助孩子培養獨自走出恐慌的力量。這種方法也稱為「內化」，反覆練習擺脫恐慌的方法，做到日後就算父母不在身邊，也可以自行克服。

步驟 1 幫助孩子前先告知

就像一一九救護人員要幫助患者時會說明過程一樣。「先生／小姐，現在要把您抬上擔架喔。可能會有點痛，請做好心理準備。1、2、3 ！」

「俊俊，你現在很難過對不對，媽媽來幫你好嗎？1、2、3 ！（開門）」

步驟 2 移動到小房間、緊緊抱住孩子

被大人緊抱入懷中的孩子可能會第二次的生氣，或是想要大人放開而強烈抵抗、踢腿掙扎。但整體上來說，恐慌發作的孩子已是陷入「情緒水庫」的狀態，其實身體沒有感覺。從孩子身後抱住的動作，可以幫助孩

子將不必要的情緒降至最低，也是把孩子從情緒水庫裡撈上岸的最佳姿勢。只是，通常孩子會高聲喊叫要大人放開他。

步驟 3 告訴孩子走出情緒的具體方法

想要走出恐慌狀態只能靠自己調適，不用等到孩子情緒平復，可以直接跟孩子說：「傻傻，只要你說：『我調整好了！』媽媽就會放開。」雖然孩子可能會意氣用事地回答：「我、調、整、好、了！」但至少他已經是某種程度地脫離恐慌狀態，開始可以理智地判斷。

步驟 4 要求孩子深呼吸

剛才那句「我調整好了！」可能還充滿憤怒，但在深呼吸後，就要讓孩子平靜地說出「我調整好了！」

就算孩子只是情緒稍稍平復，也要放開他。「傻傻調整好了嗎？那媽媽要放開囉！」之後馬上鬆手，這是讓孩子用身體體驗走出恐慌狀態的成功經驗。萬一這時孩子情緒又上來，就回到步驟②重複。孩子就會理解這是媽媽在幫助自己回復情緒。

過程中，最重要的是不要帶著生氣的情緒來處理孩子。我們不是要壓制孩子或是讓他屈服，而是要讓孩子走出恐慌，並且內化在心裡。重點是幫助孩子知道，就算媽媽不在身邊也可以自己擺脫恐慌，把媽媽說的話轉化成孩子心裡的聲音。只要成功一次，後續遇到時就變得簡單很多。

★ 教養原則 21

與其強行壓制陷在情緒中的孩子，不如幫助他們找到擺脫「恐慌」的方法。

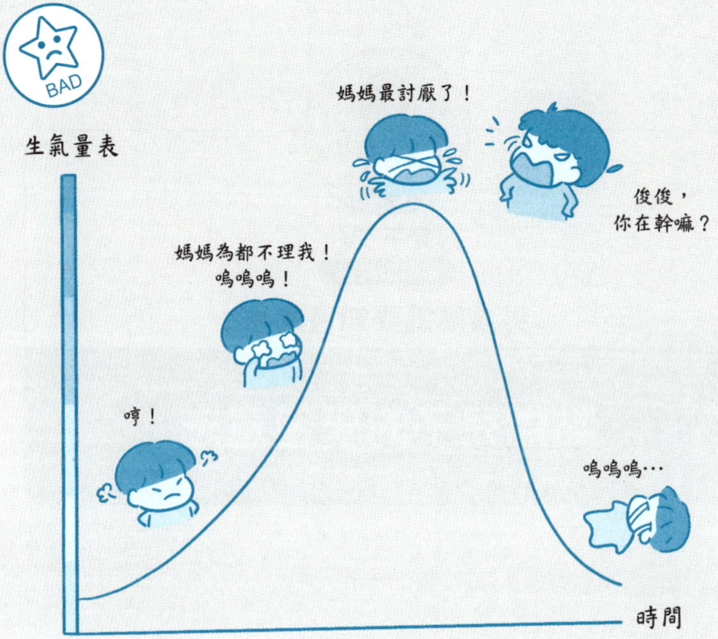

BAD
生氣量表
哼！
媽媽為都不理我！
嗚嗚嗚！
媽媽最討厭了！
俊俊，
你在幹嘛？
嗚嗚嗚⋯
時間

GREAT
生氣量表
好討厭！
嗚！
媽媽來幫你，
我們慢慢來！
嗚嗚！
深呼吸，
吸氣，吐！
吸吐⋯⋯
辛苦了！
我調整好了！
時間

兒子 TV

話題影片✓

男孩媽媽要知道的事

點燃兒子的學習意志

各位媽媽是否遇過這情況，兒子自己給了承諾「我今天只玩半小時」、「今天我要看完五十頁的書」、「這次考試成績要進步到九十分」……但是幾乎沒有一次完全實現。為什麼兒子自己說的話都做不到呢？這裡有個重點是，媽媽約定的事和兒子約定的事，就算是相同的內容，也存在相當大的差異。

兒子不是為了認真唸書而做約定，而是因為必須唸書所以先做約定，他並沒有切身感受到為何要唸書。在這種情況下，如果媽媽又拚命催促，最終只會發生衝突。

人類要有所成就必須懷抱夢想。如果我們問兒子夢想是什麼，孩子可能會回答「醫生」、「律師」，但這應該不是他們真正的夢想。孩子知道成為醫師的意思嗎？他是真的知道當律師要做哪些事，才說出這個夢想嗎？通常不是。

一般來說，小學高年級以後，孩子就經常被要求寫下對未來的期望。這樣做的結果是，就算還是小學生，孩子也會知道這種給人看的「展示用夢想」。我們必須先認知到這是非常糟糕的問題，再來面對孩子。在大腦裡想像畫面，思考如何達成這個目標，就會找到達成最終目標的小目標。有所成就的人都是先想像自己想要成為的樣子，再努力去達成，而不是漫無目的地做著做著就成功了。

然而我們的教育卻是反過來思考。經常用「現在要你讀書，是為了將來在尋找想做的事時不會被限制」來教導孩子，這種方式根本無法提高孩子的潛力和熱情。

那該怎麼做呢？就是讓孩子明確知道自己不讀書會發生的問題，讓孩子實際體驗過就會燃起學習的意志。舉例來說：「以後如果想進大學，就要認真學英文。」這樣說並不會激發孩子想要學習的心。但若實際出國一趟，發現只是想點個漢堡，卻一句英文也說不出來時，就會覺得自己像個笨蛋。

有過這種經驗後，孩子學習的態度就會完全不一樣，因為學習變有趣了。教育裡最重要的，不是國語英語數學，而是讓孩子找到真正想要的東西，根據找到的結果自行設定目標，反覆體驗達成目標。我將這個過程描述為「自我實現」。

兒子說想要成為足球選手，媽媽就開始煩惱「如果真的去踢足球，結果不成功，那之後再回來唸書會不會很辛苦？」於是就開始擔憂，對孩子嘮叨：「就算之後要當足球選手，也要先把書唸好。」要求孩子先唸書。

在此，我想鼓勵各位爸媽反過來試試。孩子在邁向足球選手的路上，確實有可能遭受挫折，但是孩子可以在過程中實際體驗到，想要實現自己選擇的路就需要努力，並會逐漸熟悉這種感覺。我認為這一點在成長過程中非常重要。

自己立目標，和自己的內在對話，洞察自己真正想要的人生，並依據結果自行設定正確的目標，達成時人就成長了。所以希望媽媽們不要急著擔憂。在年紀還小時，尋找自己真正想要的東西，自己設立目標並達成的經驗真的很重要。只要重複這種經驗，自尊心自然而然就會增加。

就算孩子找到的結果很小，也沒關係。自己設立目標並達成的經驗才是重要的，用畫圖或任何方式來表現都可以。重複這種經驗，讓孩子去感受想要達成某件事時，必須付出多少的努力。在期望孩子可以主動唸書前，務必先讓孩子成長。必須要讓孩子有找到自己想要的，自己設立目標再去完成的經驗。無論什麼內容都沒關係，非學業範圍也可以，至少要讓孩子體驗三次以上達成自己設立的目標的經驗，這對男孩子的自尊心相當有幫助，說不定孩子就會自然領悟到唸書的必要性了。

★

CHAPTER 2

總是講不聽？

——關於後天溝通

就算孩子像是爸媽的分身，但是親子溝通也不一定順暢。總是先接受這個事實再來為溝通而努力，與兒子的衝突就會明顯減少。

9

完全不聽話的兒子

培養轉換能力的方法。

媽媽：俊俊，媽媽說了很多次，該換衣服了。

兒子：……

媽媽：俊俊，你怎麼不聽媽媽的話？

兒子：等一下嘛，我用完這個就好。

有些兒子特別不聽大人的話，讓媽媽們陷入「日常生活好累」的境地，每天重複「不要再看電視了，過來吃飯！」、「不要邊吃邊玩！」、「快點穿衣服！」的話，不管是哪種情況，兒子都不會講一遍就聽話。

幾乎是每要處理一件事情時，就得要大人催，不然根本不會動作。雖然可能和媽媽權威下降有關，但在這種時候有必要觀察孩子是不是沉浸在自己的世界裡。沉迷於自己世界裡的兒子不懂得觀察人，說話的時候也不會看著對方的眼睛。一旦過度沉迷於自己的世界，無法抽離出來，就容易得到多工處理能力不足的評價。

如同先前問卷調查提到的，在男孩媽媽最吃力的事裡排名第一的，就是「兒子沒法講一次就聽的態度」。站在媽媽的立場，管教這樣的孩子真不是普通的難。單單「不要再用手機了，快去刷牙。」的提醒，兒子不是不回答就是敷衍。即使是「不要躺在那裡，過來！」的命令句，依舊還是一副有聽沒到的樣子，看到這樣的兒子，媽媽的心可以不煩嗎？難怪媽媽們會抱怨教養兒子好難，甚至會邊流淚邊哭訴被孩子忽視了。

實際上，兒子的大腦「視覺」比「聽覺」強。或許應該說，兒子的大腦在聽到並理解他人說話的能力比較差，但是對視覺上的刺激會有稍微多的反應。所以才會出現兒子本人沒這意思，但就是給媽媽感覺「我講的話你都沒在聽」的狀況，媽媽也會因此讓兒子心裡受傷。

「為什麼你都講不聽？你知道這樣子我很累嗎？」

甚至會以為孩子是故意找碴、想惹大人生氣。如果媽媽被逼到有「就是因為我不夠凶，小孩才不聽話」的錯覺，帶給孩子的只有傷害，讓彼此的關係惡化。兒子並不是故意不聽，只是腦子裡有更好玩的事，所以才聽不到媽媽的要求，這種行為並非男孩們有意為之，比較像是他們的本能。站在媽媽的角度來看，兒子是故意裝作沒聽到，但對兒子來說，只是眼前的事更有趣，或是在專心眼前的事、暫時沒聽到媽媽說的話。

這些孩子不太能從正在進行中的事轉移注意力，例如看電視的時候提醒他刷牙，但孩子對媽媽是一眼也不看的。注意到了嗎？這些孩子的弱點就在「眼睛」。只要眼睛盯著目標，就聽不見其他的聲音。所以，先把他們的目光從目標移開再說話，情況就會好轉很多。

之前不知道的時候可能用吼的，但現在了解後就完全沒有發火的必要。就像前面所說，媽媽原以為「兒子是故意的」，但如果認知到孩子是不懂得轉換就不會生氣。只要走近孩子，暫時擋住他的視野再說話即可。有趣的是只要擋住孩子的視線，要他轉移注意力這件事就會變得很容易。

這個方法的重點是單純幫助孩子，不和孩子對立，不用拿走遙控器、關電視或是大聲責罵。只要走近他，伸手稍微遮住孩子的視線，溫柔地說：「看一下媽媽。」就能解決這種讓媽媽備感無力的問題。

許多專家都會說兒子的這種情況，是因為他「不會想到太久之後的事」，或是「兒子只要專心在一件事情上，就無法接收訊息」。但更正確一點的說法是，與其說兒子比女兒不擅長「聽」，不如說是兒子的轉換能力較差。面對一陷入某件事就跳不出來的兒子，「幫助他轉換」這件事很重要。因為兒子不是故意不聽媽媽的話，只是停下正在做的事轉到其他事上的能力比較差。

如果兒子聽不進去媽媽說的話，不能把注意力從正在做的事轉到新的事情上，最有效的溝通方法之一就是「分開說」。意思是不要用太多的字說明，要簡短、直接。這點從男孩們玩遊戲說的話就看得出來：

「咻～碰！」

「喂，不要這樣了。」

「你踩到線了。出局！」

「哈哈，好好笑！」

這不是詞彙簡單的幼兒對話喔。**兒子的語言只要用幾個單字就能溝通，直接、先結論後列點、以最簡單有效的方式所構成。**我常覺得兒子們的溝通方式不需要無謂的隱喻或修飾詞彙。

要對這種兒子下指令，越是彎彎繞繞或想仔細說明時，效果就會越差。舉例來說，下面是媽媽在睡前要求兒子刷牙的情況。

「俊俊，該停下手邊的事要去刷牙了喔。不然東摸西摸時間會太晚，明天早上爬不起來。而且不是只有你一個人會累，連媽媽也是，就會又唸你了。」

很多兒子只要媽媽的話一多，就會瞬間切斷連結，躲進自己的世界裡。遇到這種情形，就必須檢討現在說的話是否可以再精簡。

「俊俊，現在該停停，去刷牙囉。」

很簡短沒錯。但是，如果已經精簡成這樣了，兒子還是沒有立即的反應，就有必要在精簡之餘，分開說。

「俊俊，請暫停。停下了嗎？看看媽媽的眼睛。」

如果兒子依舊沒聽到，就繼續重複這句話。

「停下來，停下來看著媽媽的眼睛。有聽到媽媽說話嗎？停下看著媽媽。」

如果兒子停下來了，就進入下個階段。

「現在看著媽媽的眼睛。」

如果兒子有跟上，接下來就輕鬆了。給轉換能力不足的兒子過多指令，就像舀一大鏟沙子放在他小小的手上。明瞭兒子一次可以接受的資訊量，重點放在「轉換」上，相處困難的日常也會改善很多。

★ 教養原則 22

請接受兒子「視覺能力」遠勝於「聽覺能力」的獨有特性。

BAD

〈媽媽的立場〉

我叫你暫停！
崔俊俊，你是聽不到
媽媽說的話嗎？
我忍很久了喔，
你給我立刻停下來！
我說了現在
真的必須要看
這個啊！

GREAT

〈兒子的立場〉

呃啊啊
時間到了
卻停不下來！
俊俊，請暫停。
看著媽媽的眼睛。看完這段
就請立刻關掉，做不到的話，
媽媽來幫你。

10

非得處罰
才知道怕的兒子

讓孩子改變又不起衝突的方法。

我曾經接到廣播節目的邀請，要我指導一群無法拿捏管教程度（擔心是否虐待孩子）的爸媽。那個節目的特色是必須和案例父母見面、再給出指導意見，所以在和這些爸媽碰面時，我心情也是很緊張的。一位媽媽分享孩子急著尿尿，都已經趕到公共廁所前了，還是不小心尿在褲子上，而自己因為太過生氣，所以伸手打了兒子的屁股，之後對自己十分後悔而嚎啕大哭。

站在父母的立場，小孩在這種情況尿濕褲子確實讓人崩潰。還有另一位媽媽說自己曾經因為太累了所以用腳踢孩子……

不管如何，暴力都是不對的，參與節目的所有人對此都很了解。只是忍耐又忍耐，最後還是情緒大爆發，為什麼會那樣呢？那天節目上也播放了這些家庭的日常生活影片，看著這些畫面，我發現一個共通點——這些爸媽不是故意要打小孩，更不是壞爸媽，而是發生類似的錯誤才不得不這麼做。

那就是非管教的嘮叨情形非常嚴重。嘮叨和管教的差別，在於「成功」或「失敗」。提醒孩子的話，如果成功了就是管教，如果失敗了就是嘮叨。媽媽說：「俊俊，媽媽不舒服，你不要再吵了！」然而孩子的行為並沒有停止。這時候如果媽媽只是大大嘆一口氣就讓事情過去，之後又繼續發生類似狀況，那就只是重複的嘮叨。媽媽說話、兒子不聽……不良經驗不斷累積，這是令人相當惋惜的。

「趁媽媽現在還能好好說話，快來吃飯！」、「你要一輩子抱著手機嗎？」、「你再這樣，我要生氣囉！」媽媽不停地出言威脅，孩子卻繼續做自己的事。爸媽的話活像是耳邊風。這些父母似乎已經習慣孩子不把自己的話聽進耳裡，像在自言自語般，或是就算孩子哭了也不管孩子現在的狀態。就算試著好言相向，但只要孩子不聽自己的話，大部分的父母都會被無力感擊倒。與其說是爸媽無法控制自己的情緒，更多的是心累和不安的問題，結果便導向最惡劣的狀況──「必須發火，孩子才會聽話」的惡性循環。

「你一定要媽媽生氣嗎？好好講不行嗎？」

這點對孩子來說也是一樣。只要覺得媽媽、爸爸沒有完全接受自己的需求，就會開始放大音量。不是因為生氣的關係，而是為了傳達自己的意見才提高音量，卻在過程中情緒也跟著升高了。

兒子：媽媽，媽媽，媽媽！
媽媽：大人正在講話，你在幹嘛？
兒子：你們要講到什麼時候啊！

為了解決這個問題，必須採取「不大聲講話也能有效傳達」的方法。面對需要拉高分貝才聽得到的兒子，大多數時候，只要媽媽走近兒子身邊彎下身子，看著他的眼睛說話，兒子就會好好聽話。認為對方不聽我說話而產生的憤怒情緒，必須花時間注視對方眼睛並傾聽，才能從根本上解決。

「俊俊，媽媽跟奶奶講完話，就聽你說。你先去玩積木。」

令人訝異的是，孩子們只要看到爸媽願意花時間這麼慎重地跟自己說話，就會答應、做他該做的事。其實，站在孩子們的立場來看，大人的溝通經常都是很馬虎而且不耐煩地重複；面對這種「自己有話想說，媽媽卻愛理不理」的態度，原本沒什麼大不了的情緒也會瞬間爆炸。一旦這種狀況不斷地重複發生，就會變得無法好好地教導孩子。

這樣說並不是要媽媽在孩子每次呼喚時，就彎身聽他說話。而是即使只是要孩子等待，也必須要看著孩子的眼睛指示他。那些會說狠話攻擊彼此的家人關係，就是因為認為對方不會聽自己的需求。

認真注視孩子眼睛並說話的行為，包含了「無論何時，媽媽會認真待你」的訊息。真誠以待不是用說的，而是用行動展現。與其一邊忙著家事一邊對在遠處頑皮的兒子大吼：「俊俊！不要跳了！等下樓下鄰居就上來抗議！」不如暫時放下手邊事，大步走到孩子身旁，彎身看著孩子的眼睛這樣說：

「俊俊，不可以在客廳裡這樣跳。」

也許一開始孩子會不好意思，或是想要迴避媽媽的眼睛。但務必要傳達這樣重要的訊息給孩子。

「俊俊，媽媽很重視你。你是媽媽最重要的寶貝。」

★ 教養原則 23

體罰兒子的最大原因是因為找不到更適合的方法，一起來學習零體罰的有效溝通。

BAD
就是說啊。
對啊
對啊！
媽媽！
媽媽！
媽媽正在講話，
你到旁邊去！

GREAT

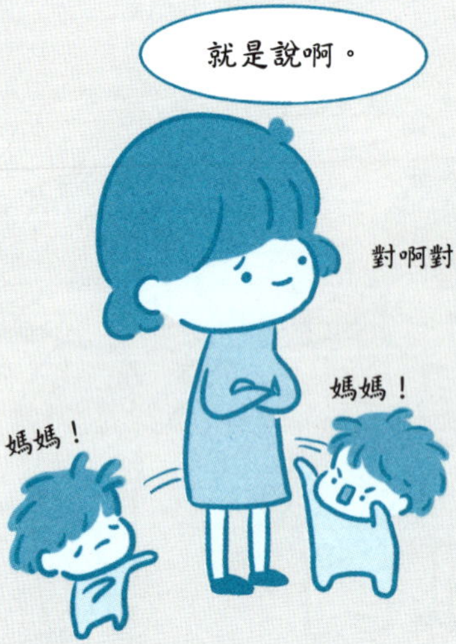
就是說啊。
對啊對啊！
媽媽！
媽媽！

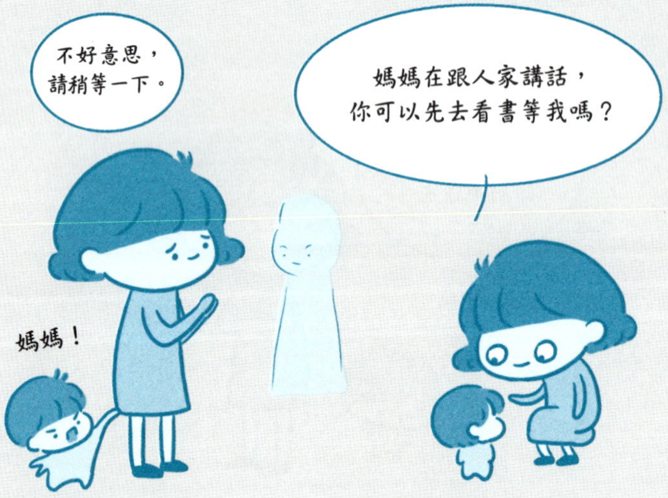
不好意思，
請稍等一下。
媽媽！
媽媽在跟人家講話，
你可以先去看書等我嗎？

11

兒子竟然講粗話

有效控制講粗話的方法。

天真又可愛的兒子和朋友在一起的時候居然會說髒話，是許多媽媽在教養兒子過程中最無法接受的事，卻又實實在在會經歷的煩惱。雖然我們在前面章節已談過，但是在這裡，我想從更深層的角度來討論。

一位擔任國小六年級導師兼學校暴力委員會成員的老師表示，因為說髒話而召開學校暴力委員會的男女比例大約是六比四，以男生居多。這種事通常是在什麼狀況下發生呢？

首先，男孩會在感受得到攻擊性的運動或遊戲中反射性地說髒話。兒子們平時就愛玩會誘發衝突的活動，例如在教室後方玩摔角遊戲等等，剛開始只是好玩，但是玩一玩彼此的情緒越來越嗨，最後就是以髒話作結。

這種情況與其針對「講髒話」來改善，更應該教導孩子「處理情緒」，且區分攻擊性的遊戲和攻擊行為。

「誰教你講髒話的？從哪裡學到這種糟糕的話！」

這種話也許可以讓孩子暫時住口，但也會讓孩子在情緒升高時想要往外找發洩。舉例來說，盛怒中的兒子可能會去摔椅子、捶打牆壁，這其實是一種不成熟的情緒調整方式。這種時候要教導孩子讓情緒冷卻，暫時停止所有動作，冷靜之後再繼續。打電玩的時候也是一樣，情緒太過激動時需要讓自己停下來，走出沉浸其中的情緒，看看四周事物。

這是非常重要的訓練，可以培養孩子日後即使沒有父母陪伴，也可以自己停止並調適情緒的能力。

第二種則是沒有參雜情緒在其中的粗話。男孩子即使沒有什麼事，同儕間也會胡亂地講粗話。「粗話」是自人類開始使用語言後就有的問題，某些比較粗俗的俚語有可能會惹惱對方。尤其是從父母的立場來看，聽到孩子這樣說話應該都很難接受吧。

媽媽：俊俊，你在幹嘛？

兒子：媽媽我的車車很屌吧？

媽媽：你在說什麼！

兒子：我的車車很屌吧？

深陷在自己的世界裡，不知道觀察對方的反應，越是如此的兒子，問題就越嚴重。若是有會視狀況使用粗俗俚語的孩子，一定也會有不懂得看狀況就亂用粗話的孩子。

這種時候該怎麼辦呢？多數父母最先想到的，就是要求自家孩子不要再跟會講粗話的朋友接觸。「我家兒子以前都不會這樣，自從認識○○○後就這樣。都是認識壞朋友，被教壞的啦。」通常父母都會這麼想。但這並不是正確的解決方法。

與其將孩子的日常用語想成都是跟特定的某個人學的，不如將其視為一種同儕文化。**只要孩子進入群體，**

總有一天就會發生，不能把這個問題推給第一個開始這樣做的孩子身上。因為這個孩子也只是跟著另外的某個人照做而已。

更重要的是，如果將兒子的朋友視為狐群狗黨，那麼親子間的關係極有可能會大幅惡化。看著爸媽罵自己的朋友，孩子勢必會覺得自己被攻擊了，覺得自己建立的關係和成就都被否認。請務必牢記，對孩子來說朋友經常是更勝於家人的存在。

因此，想要完全禁止兒子使用粗話是很困難的。最有效的方法是告訴孩子必須懂得察言觀色，在大人面前絕對不要亂講粗話。其實兒子講粗話的最大問題出在他們不懂得看狀況，甚至是會沒頭沒尾地冒出不得體的話。教導孩子區分同伴間表現感情好的粗話，和在大人面前亂講粗話，是完全不同的兩件事，才有可能矯正孩子的行為。要兒子徹底不講粗話，對他來說其實是很無理的要求。

「班上同學都這樣講，就媽媽不懂⋯⋯」

媽媽必須要理解，**在兒子的世界裡，某種程度的粗魯行為、同伴間專屬的粗話，是一種被認同的表徵。**想要教養和自己徹頭徹尾都不一樣的兒子，必須認清現實、看懂所有脈絡，了解孩子身處在什麼樣的世界裡，才能提出孩子可以接受的提議。唯有這麼做才能改變孩子的行為。

★ 教養原則 24

接受男孩間專屬的「世界」，告訴孩子必須依照時機和場所來使用語言。

BAD
你在講什麼？
從哪裡學來的，
太誇張了！
委屈！
你這是跟〇〇〇學的吧？
太不像話了，
以後不要跟他們玩了。
真是的！

試著改成這樣……

GREAT
我知道你跟同學會這樣講話。
但是這些話很難聽，
不能在大人面前說。
是……

12

做出白目行為的兒子

對付兒子的搗蛋舉動。

在 2,154 名小學教師問卷調查，「上課時間耍寶搗亂，無法專心」在「最難以理解的男孩子行為」中排名第二（45.6%）。這也是男孩媽媽最感困難的一點，想要認真管教孩子時，兒子卻老是搞笑或搗蛋，於是讓媽媽大發火。

在課堂上，會莫名其妙地突然接話，打斷上課節奏的也幾乎都是男生。為什麼會這樣呢？很多人會認為這只是孩子想要被關注啦，但是女生也想被關心啊，是什麼原因造成這種差異呢？

男孩對於追求有趣事物和刺激的需求，先天就很強烈。尤其在找出好笑的事這一點上，可以說是達到天才等級。這樣的需求讓男孩想在同學面前說些搞笑的話，或是為了逗媽媽開心而做些調皮搗蛋的傻事。我們必須知道，孩子不是故意要這麼做，只是天性上就有這樣的傾向。

舉例來說，有個刷牙時老是笑嘻嘻、邊對媽媽吐口水的兒子。媽媽已經嚴厲指正說不能這樣，兒子還是白目地繼續吐。這種藉著開玩笑的名義「跨越界線」的行為，對家有兒子的爸媽來說，真的不好處理。萬一爸媽反應過大並因此大聲反應的話，勢必會讓孩子不滿，認為「我只是開玩笑幹嘛這樣」；但是如果跟著兒子一起起鬨搞笑，那也不是正確的回應方式。

小學裡也常有這樣的事。由於男孩們強烈的認同需求，所以在教室裡說些有趣的話引大家發笑，對他們來說是很帥的事。尤其是在男孩的社會裡，擅長搞笑的孩子特別會被肯定。但女孩的社會就不是這樣了。如果老是說些莫名其妙的話干擾老師上課，大家會認為「她幹嘛啊，不要跟她一起玩」。而男孩子反而是認為讓朋友笑、讓老師驚慌失措的人比較厲害，地位也會比較高。

在男孩眼中，教室裡最重要的人不是老師，而是「同齡夥伴」。所以，老師若要管理班級秩序，最好是把搗亂的孩子叫出教室，一對一地管教。

再加上兒子判讀對方表情的能力偏差，處理情緒的能力也不成熟。就算媽媽已經是表情可怕地要來嚴肅討論了，他也不知道自己該做什麼表情才對。而對男孩來說，看到媽媽的可怕表情，與其去同理媽媽的心情，不如去解決媽媽生氣的臉。也就是說，媽媽的「可怕表情」是問題，媽媽的「笑容」是解答。在兒子心中，不管媽媽生氣的原因是什麼，只要媽媽笑了，就代表沒問題。所以兒子才會在媽媽都氣到快腦中風時，還搞不清楚狀況，不斷做些莫名其妙的蠢事企圖逗媽媽發笑。

這種時候最有效的方法就是「衝浪指導法」。這個方法的重點是肯定兒子的搞笑需求，但不被他影響。教導孩子有件該知道的事——**針對行為本身來討論，不要責怪他想搞笑的想法**。不分時間地點，時時刻刻都要嚴肅面對兒子的玩笑也是很累人的事。面對男孩的搞笑耍寶，如果只有自己一臉嚴肅地看待好像也很怪，孩子甚至會偷偷覺得大人生氣的表情很好笑。看看經常面對類似問題的學校老師，他們不會和孩子的玩笑直接對決。孩子的玩笑是個誘餌，如果把玩笑當真，可笑的人反而是自己。在孩子想要搞笑的時候和他們一起笑，笑完之後再把該說的話說完。就像衝浪一樣，海浪湧過來的時候放輕鬆、不要刻意去抵抗，但是在必須教導的時候還是要確實講清楚說明白。

「俊俊，這樣真的滿好笑的，但是現在要上課囉。」
「真的很特別耶？不過現在要專注在該做的事上。」

如果這麼做，孩子還是一直想「搞笑」和「干擾」，那就直接給他們一個表現的機會。

「俊俊還有很多話想說嗎？那下課前5分鐘，我們讓俊俊好好說話。」

之後，一定要遵守和孩子的約定。如果能因此讓孩子學到如何在大眾面前說話，也是很不錯的事。

這種方法也很適合在家使用。我們就用睡前催兒子刷牙，兒子開玩笑地躲閃的狀況來舉例。在兒子說著「媽媽妳看！我用牙刷刷浴缸～」耍寶搞笑時，我們經常在「嚴肅以對」還是「接受」兩者間搖擺，但重點不是在這兩者間選擇一個，而是要有「**在接納的同時，貫徹該說的話、該教的事**」的管教態度。

「哈哈哈，那媽媽來刷漱口杯，好笑吧？但是現在要認真刷牙喔。」

接受的時候接受，該教導的時候教導，希望各位爸媽都能擁有像在海上衝浪一般的心態，不與迎面而來海浪對抗，而是還要緊盯著未來的大浪。萬一講了幾次都沒用時，也沒必要生氣，只要對孩子說：「我們再玩一次，再不刷牙，媽媽就直接抱你去刷牙。」之後就直接行動。對容易因為兒子的玩笑而生氣或受影響的媽媽來說，這樣更能解決問題，可以更堅定地對愛用「搞笑」轉移話題的兒子說話。這個方法也可以在兒子做出不成熟發言或發脾氣的時候使用。

兒子：媽媽討厭，我不要跟媽媽玩了！

媽媽：媽媽也討厭俊俊，我也不跟你玩了！

這樣回應兒子，當下心裡是會很爽快，但嚴格來說這並不是教導孩子的好方法。不要被兒子的幼稚發言給影響，方法就是不要對抗，只教導兒子該教導的事情。

「俊俊很難過嗎？因為媽媽很愛俊俊，所以一定要教你這件事。我們再來一次吧。」

無視兒子不成熟的行為，堅定教導孩子該知道的事，後續無論面對哪種行為或是聽到任何話語都不會被影響。這種管教方法的重點就是「不對立地教導」。

★ 教養原則 25

兒子會假借「玩笑」來挑戰父母的權威。「不對玩笑過度反應」是爸媽教養男孩的必備基本功。

BAD
媽媽討厭、媽媽最壞！我不跟媽媽玩了！
媽媽也討厭俊俊、我也不跟俊俊玩了！

GREAT
俊俊很難過嗎？因為媽媽很愛俊俊，所以一定要教你這件事。
是！

13

不怕爸媽生氣的兒子

不發火地面對孩子。

「老師，我家兒子最近很誇張，越是不要他做什麼，他就越要做。叫他站好，他就給我耍賴蹲著，要他別亂跳，他就真的亂跳。他這樣不是唱反調嗎？我都不知道該怎麼辦了。」

女性大多擅長察言觀色，因此對媽媽來說，兒子的這些行為確實是令人費解。然而，多數時候，兒子真的只是因為好奇，才又做一次媽媽叫自己不要做的事。他不是想到做了這件事媽媽會多難過，而是本能上的好奇——我做了媽媽要我別做的事，她會怎麼樣？當某行為被制約時，本來就會對該行為產生好奇，而這樣的好奇特別會發生在兒子身上。媽媽在心裡想著「我已經這麼生氣，你還沒發現嗎？是不會看臉色，知道該停止嗎？」但是兒子卻搞不清楚「為什麼要這麼生氣」或是「一定不能做嗎？我繼續做會怎麼樣？」

擅於同理的媽媽，已經習慣隨時都要敏銳掌握對方的情緒，那是懂得看狀況的人的生存之道。結果就發生媽媽以自己擁有的能力來要求兒子的情形。然而，在兒子單純的世界裡掌握氣氛固然重要，但「理性」更勝於「情緒」，只有更搞笑才會被認同……這些都造成管教上的差異。媽媽是用「你沒發現媽媽要生氣了？」的邏輯來思考，兒子是用「妳要我別做那件事，但什麼事也沒發生啊？嘻嘻。」的邏輯思考。

這時候，我們必須要放下「為何他用說的都講不通」、「同理育兒怎麼對這孩子完全沒用啊」之類的想法。必須要牢記，這種時候如果用「傻傻不想聽媽媽的話」去同理，或是「媽媽因為俊俊不聽話，很受傷」這類 I message，只會讓兒子更加堅信「不聽媽媽的話，也不會怎樣」。我們需要的不是同理育兒，而是不帶憤怒的行動教養。

假設孩子在該上床睡覺的時間，偷拿手機玩遊戲。因為希望兒子可以自我調適，所以剛開始時會好聲好氣地說話。然而不懂察言觀色的兒子卻把媽媽的好語氣誤解成「再玩一下也 OK 吧？」最後就演變成媽媽大吼「非要我生氣才聽話，是不是！」的情形。這裡的重點是過度地「好聲好氣」和「突然大喊」，兩者間的差距越大就是越不好的管教。

媽媽：兒子，現在不能再玩了。該停了。

兒子：……（裝作沒聽到不回答）

媽媽：媽媽說過了，該停了。

兒子：……（繼續裝作沒聽到）

媽媽：崔俊俊！你要我生氣才聽話嗎？

這種時候需要的方式是行動教養，將上述的對話變成這樣。

媽媽：兒子，現在不能再玩了。該停了。

兒子：……（裝作沒聽到不回答）

媽媽：沒聽到嗎？（走近身邊）暫停一下看媽媽。

兒子：……（沒有回答。但是因為媽媽靠近變緊張）

媽媽：再講一次還是不理我，媽媽數到 3 就來幫你。

兒子：……（還是不回答。如果是第一次遇到這種狀況，就會思考「幫我是什麼意思？」）

媽媽：1、2、3！（盡可能溫柔且堅定地數數）不行看了！（用手遮住手機）

兒子：我要看手機啦！

媽媽：俊俊看著媽媽的眼睛（如果孩子放下手機照做），這一局結束就要關掉。知道嗎？

兒子：知道了。

理解其中的差異嗎？再來另外的情況。

媽媽：俊俊，該刷牙了。

兒子：……（裝作沒聽到不回答）

媽媽：俊俊，（用稍高的音調）媽媽叫你刷牙！

兒子：……（又裝作沒聽到）

媽媽：怎麼不聽話呢。

試著改成這樣。

媽媽：俊俊，該刷牙了。

兒子：……（裝作沒聽到不回答）

媽媽：好像沒聽到耶。

兒子：……（繼續裝作沒聽到）

媽媽：現在媽媽數到 3 要來幫你囉。

兒子：……（還是裝作沒聽到）

媽媽：既然如此，媽媽就來幫你。不行看了！1、2、3 ！（強制執行）

兒子：知道了啦！

媽媽：看著媽媽的眼睛。再一次。

兒子：知道啦，我會刷牙。

如此重複幾次，媽媽不需要發火，孩子也會知道自己再繼續不聽話，媽媽就會直接行動。對孩子來說，完全沒得敷衍。只要媽媽能做到不只會說、還會直接行動，就可以累積起權威。反之，如果只有威嚇卻沒有實際上的行動，媽媽的地位就會變低。

★ 教養原則 26

兒子的同理能力發展得比較慢，請記得這種時候男孩行動教養是必要的。

俊俊，媽媽說過玩完就要去刷牙吧？
等一下……我用完這個就好……

我數到3，如果不行媽媽就來幫你。
等一下嘛！

3秒後

媽媽來幫你。

14

說謊的兒子

掌握兒子內心的方法。

「俊俊，誠實很重要。說謊話是很糟糕的行為。」

很多爸媽對「誠實」這件事特別要求。當然，說謊話在「社會性」層面上是非常重要的。因為只要進入校園，經常說謊就會在同儕間被孤立。

父母初次目擊孩子說謊話，通常會產生「這樣會說謊成性嗎？該怎麼做才能徹底改正？」等等的想法。然而就算狠狠教訓孩子，也無法改掉這個問題，反而會讓孩子在不得不承認自己真的有說謊的同時，也覺得自己是個差勁的人，也可能演變成一旦說謊就要打死不承認，最後便發生「明明是想矯正說謊的問題，孩子反而變得更愛說謊」的現象。因此，改正說謊的重點就是**「只矯正行為，不讓孩子覺得自己很糟糕」**。如果是下列內容的程度就很恰當。

—說謊話，是糟糕的人。→ ×
—原來俊俊想要擁有更多啊。→看出需求
—這種時候，這樣說就可以了。→矯正說話內容

來看看更具體的案例。多數兒子的說謊話，其實都是因為「衝動」。相較於為了欺瞞對方的惡意說謊，比較是為了滿足自己當下的需求而說謊。例如「我可以啊！」、「這個我會！」等虛張聲勢的謊話就是如此。

這種謊話當然也需要矯正，但更重要的是要從根本滿足需求。必須教導孩子不用靠說謊來滿足需求，孩子就是想要快速地被滿足，才會衝動地說謊。這時候過度執著於想要改正孩子的行為，比起承認自己說謊話這件事，孩子會先感覺到被否定、甚至是委屈。明明是在討

論說謊，孩子卻感覺到自己被責罵了。只要看出孩子的需求，就可以在不責怪的情形下改正行為。

另一種是「逃避型謊話」。明明沒有做的事，卻說自己已經做好了，這種情況就是想要迴避當場得去做的要求。放任這種謊話持續發生，孩子就會覺得原來呼攏大人是很簡單的事。因此，不責怪孩子並能正確引導其行為就很重要。

兒子：我洗好手了！

媽媽：你真的洗過了嗎？媽媽看看，如果被媽媽發現沒有洗手，就要挨罵喔！（×）

媽媽：洗好了嗎？因為俊俊常常洗不乾淨，所以媽媽來檢查。（○）

與其將目標設定為矯正孩子的說謊行為，不如把焦點放在讓孩子知道「這個世界沒有祕密，就算想隱藏，總有一天會被人發現你做過的事」，這樣的教育需要長時間的重複進行。普遍來說，面對這種狀況需要拉高音量說話或是激烈表達的原因，都是因為想要一次就解決所有問題的念頭。

最後一個造成兒子想說謊的環境是「無法公開的祕密」。就像一個假話滿天飛的企業，資訊經常是無法透明或是被特定人士掌握在手中。一旦員工認為重要的資訊都被隱藏起來，為了打探真相就會想透過各種管道去知曉，最後就導致八卦、謠言四處傳。

所以我們要注意——「傻傻，爸爸幫你課金，不要讓媽媽知道喔。」這類表達方式。雖然會帶來短暫的快樂，提高孩子與爸爸的情感連結，卻也會給兒子錯誤的認知——只要有需要，就可以把問題隱藏起來。

我們可以因此得出結論，想要好好教導孩子，必須先整理大人的心態。希望各位可以理解沒有祕密的家庭關係是維繫幸福的重要原則，各位一定要應用在日常生活上。

★ 教養原則 27

「說謊就會變成很糟糕的人」的認知，極可能會把孩子推上不歸路。不妨告訴孩子：「這個世界沒有祕密。」讓兒子誠實面對說謊這件事。

BAD
我真的洗過手了。
給媽媽檢查，
如果沒洗手，你就慘了。
……哼。

GREAT
是嗎？
可是你的手看起來有點髒，媽媽來檢查看看。
等等啦！

兒子 TV

話題影片✓

男孩媽媽要知道的事

提升孩子的自尊，你該這樣做！

現在來談談想要提高兒子自尊心時，爸媽必須改變的三種心態：

1. 兒子的好勝心很強

玩遊戲的過程中只要輸了就立刻發脾氣。原本是為了要消除壓力才玩遊戲，結果反倒累積了壓力。

也有孩子會在感覺自己快要輸時，就無法接受結果，寧可耍賴、改變規則也想要贏。看到這種兒子，你會有什麼想法呢？是不是很想勸孩子「輸贏不重要」。沒有告訴孩子如何處理好勝心，反倒要孩子去控制這種心情。

有好勝心是很正常的，一旦否認這種心情，孩子就很難學到東西，會讓他們認為「我的想法有錯嗎？想要贏是錯的嗎？」所以不能這麼做。我們需要把事情分開討論：肯定好勝心這種自然且理所當然的情緒，再告訴孩子必須注意因為想贏而攻擊對方或任意改變規則的行為。

讓孩子成為一個可以妥善處理好勝心的人才是重點，不要讓孩子覺得想贏是錯誤的。可以對孩子這麼說：「想要贏並沒有錯，但是不能因為想要贏而生氣。」

2. 兒子喜歡攻擊性遊戲

很多男孩都喜歡格鬥類遊戲，大人也以為那是因為兒子從小接觸暴力媒體的關係，然而這只是兒子從出生那一刻就擁有的，容易被格鬥遊戲吸引的本能。

兒子生來就擁有在玩格鬥遊戲、推倒積木玩具中得到快感的氣質——我們必須承認這一點，才能正確地看待兒子。

媽媽希望兒子舉止秀氣一點，但兒子沒法做到。看到這場景，有媽媽會對孩子說：「你這樣玩玩具，玩具會痛喔～」但兒子聽到後卻會理解成「原來媽媽討厭我這樣」，於是把自己的喜好隱藏起來，開始了「雙面生活」。在媽媽面前是一個樣，在朋友面前又是一個樣，越是會這樣隱藏自己的孩子，就越難好好教導他們。

人類身上確實有無法以教育改變的領域，那就是天生的「本質」。不是孩子能選擇，而是與生俱來的氣質、性別或遺傳等等，我們應該對其認同，不是試圖去更改。這麼說不是要認同孩子毆打或傷害其他人的行為，而是要區分玩攻擊性的遊戲和攻擊性的行為。不可將這兩件事混為一談，一起批判。

3. 正視自卑感

孩子偶爾會發生畫圖畫到一半，覺得成果不如自己想像的情形。這時他會怎麼做呢？大發脾氣或突然大哭。看到這樣情形的媽媽又該如何處理呢？

大部分都會說：「那就不要畫啦。」當兒子發脾氣時，媽媽只能發更大的脾氣，也就是用脾氣壓過脾氣。發脾氣的時候需要知道如何調適，才能控制自身的情緒。然而孩子卻為了壓下脾氣，往外尋求更大的刺激。有些孩子會打自己的頭，還有孩子會捶牆壁，他們不是想威脅誰，而是想透過捶牆壁的疼痛感來壓抑不成熟的情緒。

爸媽要記得兒子之所以發脾氣，有相當程度是源於自卑感。因為實際的自己和理想的自己之間有落差，所以才會生氣。人類如果感受不到自卑感，就不會成長。

每個孩子出生後，都是先會爬行才開始想走路……「媽媽的手可以碰到那麼高的地方，我也想試試。」因為有熱切的希望和自卑感，才會去挑戰。你可以想像孩子這樣說嗎？「媽媽，用爬的生活也還好啊，我可以一輩子都這樣嗎？」

想要改正兒子的某些習慣，相較於孩子感受到的情緒，更重要的是「如何看待他的情緒、如何幫助他」。希望各位爸媽可以掌握兒子行為的脈絡，並且正確地看待，從而提高孩子的自尊心。

媽媽永遠都會真誠地對待你。

★

CHAPTER 3

兒子這樣難相處？

——關於社會人際

當孩子接受自己原本的模樣、接受社會的規則、培養自我調節能力，才能成為健康的大人。

15

每天都和手足打架的兒子

兄弟間如何維繫感情？

天底下沒不吵架的兄弟手足，爭吵的理由也是千奇百怪什麼都有。父母總以為孩子們爭吵是想爭奪父母的愛，但實際上孩子們是為了「所有權」而爭吵。

我觀察兄弟問題非常久，發現有件事和以前很不一樣，相較於過去比較常聽到弟弟被哥哥欺負的狀況，現在因為弟弟而受委屈的哥哥反倒增加中。這些哥哥的共通點是對外人都很好，唯獨對自己的弟弟，就是無法寬待。自己的東西被其他孩子碰都沒關係，但是只要弟弟一碰就會大發雷霆。

「那是我的，你為什麼要碰！不要碰！」

看到這麼生氣的哥哥，大人通常會這樣說：

「弟弟，我不是說過不要碰哥哥的東西！（轉頭）弟弟只是碰一下，你是哥哥就體諒一下。」

越是想告訴孩子兩邊都有責任，哥哥心中就會累積越多對弟弟的不滿。站在哥哥的立場，之所以無法寬容對待弟弟，就是因為已經有太多無法解決的情緒積在心裡。很多時候，兄弟間的衝突在發生大爭吵前，父母經常是放任不管的。父母可能會覺得這是在讓孩子培養解決問題的能力，但是在教育現場來看，這並不是解決問題，反而容易成為「累積不滿的時間」。

手足教養最重要的一點，就是不讓彼此的感情產生裂痕。尤其是要減少這麼對孩子說話：

「弟弟，你又拿哥哥的東西！」

「你是哥哥，怎麼不讓弟弟！」

像這樣缺乏客觀判斷，只是用「你是哥哥、你是弟弟」的理由來搪塞、解決問題，並不能說服孩子。事實上，教養孩子最難的部分就是要求他們「相親相愛」，這就像發生爭執時要孩子「即使委屈，也要忍耐」。所以在教養手足時，必須要養成明確整理狀況的習慣，若發生爭吵，大人就需要介入，積極地解決問題。不是壓下當下情況就好，必須告訴他們凡是兩個人以上，一定要遵守約定才能避免衝突。我們舉個例，哥哥搶了弟弟拿在手上的東西：

媽媽：你為什麼要搶弟弟的東西？

兒子：這本來就是我的東西，是他先拿走的！

這樣的仲裁從一開始就不順利。孩子各自有道理，又各自認為自己的想法是正確的時候，最是麻煩了。因為年紀越小，越難要求他換位思考；只要覺得自己是對的，就會固執地堅持到底。哥哥這時的想法通常是：「這本來就是我的東西，是弟弟沒有經過我同意就碰，是他不對。」如果陷入這個邏輯裡，不管旁人說什麼都聽不進去。

相反地，弟弟也有自己的想法。「我拿在手上的東西卻被哥哥搶走，哥哥壞！」因為也有一套自己的邏輯，所以什麼話都聽不進去。這時爸媽最不該這樣說：

「你們兩個！買這個是為了讓你們吵架嗎？把東西拿過來、兩個人都不許玩。知道嗎？」

這種處理方式會讓孩子產生一種認知——就算發生問題也不要告訴父母或大人，自己解決比較好。所以，很多哥哥一開始是像被害者地去告狀，之後就因為不被理解，而去搶或是攻擊弟弟，不再期待大人來解決。我將這種狀況比喻為「司法體制崩壞的國家」。因為東西被搶走而向警察申訴，卻聽到警察說：「要把你扣押在警局裡，直到爭吵停止！」

這種時候應該是這樣反應：

「原本是你的東西卻被弟弟隨便亂碰，很委屈對不對？媽媽了解你的心情。不會讓你受委屈。」

「原本拿在手上的東西卻被哥哥搶走，心情很難過對不對？媽媽了解你的心情。我也不會讓你委屈。知道嗎？」

如此這般，孩子才有辦法靜下來看著媽媽。站在孩子的立場會覺得「終於」有人可以溝通了。第一句話要讓孩子感覺事情可以解決的期待感，才能繼續對話。讓充滿「我才是對的」的腦袋徹底放空，卸下防禦機制的魔法咒語就是**「嗯，你是正確的」**。

萬一孩子的行為不是正確的，那就說：「嗯，你的情緒是正確的！」如果沒有先給予肯定，兒子的防禦機制會像牆一般高。不想聽到孩子抱怨「媽媽每次都站在弟弟那邊！」的話，最好的防範方法就是用「嗯，你是正確的」這句話開場。只要能這樣開始，就可以平順地整理狀況。

「媽媽看看。你們兩個人都對，哥哥因為東西本來是自己的難過，弟弟因為手上的東西被搶走，所以難過。這時候規則就很重要。記得我們家的規則嗎？不能拿走別人已經握在手上的東西。剛剛是誰拿著玩具的？弟弟嗎？那就趕快玩，時鐘的長針指到 6 就要還給哥哥。哥哥先去玩其他玩具，一到 30 分就換你玩。如果弟弟不還你，就跟媽媽說。」

以這種方式處理，弟弟有很高的機率會願意把玩具還給哥哥。因為對他們來說重要的不是玩具，而是「正義」，「我沒有錯」這件事被認同了。搶玩具玩，並不是「真正的需求」。我經常在教育現場看到這些事件，有絕大部分的情況，是前一個人把玩具握在手裡也沒在玩，最後卻發生爭吵。

我重新整理上述內容，要求孩子們相親相愛並不容易，不如給他們「兩人以上相處時一定要講好要遵守的規則」。孩子們在未來的日子，勢必需要與各式各樣的人相處、起衝突，這是他們必須要學習的第一個社會訓練。

★ 教養原則 28

即使是親兄弟，為了維繫感情，必須告知孩子在家也有要遵守的規定。「你是哥哥、你是弟弟，所以……」的溝通，只會增加衝突機會。

〈玩具使用規則〉
1. 使用別人的東西前要經過同意
2. 不能搶奪別人正在用的東西
＊違反規定就要強制執行。
我們依照規定，
媽媽不會偏袒任何人。

16

和爸媽對立的兒子

減少與親子間對立的方法

為什麼媽媽在管教兒子時，情緒特別容易被影響呢？原因可能很多，但最關鍵的一個，就是我們為了做好管教而採用和孩子「對立」的態度。

我當然可以理解媽媽們的感受。家有兒子的媽媽們來諮商時，經常形容自己像是在和牆壁對話，那是多難受的心情啊！只要和孩子對立，無法教導孩子的可能性就會大大提高。

一旦和孩子開戰，就算贏過孩子也不是勝利；萬一輸了，後續更要面對威嚴不再的父母地位。若是要求已和兒子陷入嚴重對立情況，或是正要進入此狀況的父母「不要和孩子對立」，一般的直覺反應會是當下就要停止嗎？其實也不是，而是不要站在對立立場教導孩子。男孩天生就好勝，如果以對立立場教導兒子，就算成功了也不見得好，兒子只是「暫時屈服」而已。在父母眼中覺得自己是在教孩子，但兒子極可能會認為是因為自己能力不足，才會輸給父母。千萬不要忘了，男孩的大腦先天上就特別重視排序文化。

避免一時興起的管教，才能不對立地教導孩子。一時興起的管教是指「爸媽的話說了算」。最典型會讓雙方陷入對立立場的對話，就是「媽媽說不可以，你不要又讓媽媽生氣！」父母覺得自己是在教小孩，兒子卻覺得是被爸媽強壓在下面。為了教導孩子規則，我們需要這樣說：

「我們一起訂的規則是從 15:00 玩到 17:00 吧？那要努力做到喔！」

「對立」和「幫助孩子學習自制、遵守規則」，這兩種態度在父母和子女之間有很大的差異。前者的父母是規則，後者的父母則是扮演傳達者的角色，告訴孩子一起訂立的規則。

各位爸媽試試回想自己在公司的情況。如果主管反覆地訂定新規則、要求大家遵守，應該會有人覺得不恰當。反之，凡是有新規定，公司都會公告要所有人一起遵守，兩者的差異應該很明顯吧！我們不能想著要控制兒子，因為越是想控制就越會形成對立。**不要試圖控制兒子，而是努力和兒子一起創造適合屬於你們家的規則和文化。**

★ 教養原則 29

一時興起的控制越少越好，幫助兒子遵守規則，培養自我調節的力量。

BAD
金代理下週可以出差嗎？
我下週要休假，
不太行喔！
休假怎麼
沒有提前講呢！
你在說什麼啊？
？...

金代理下週可以出差嗎？
我下週要休假，
不太行喔！
公司規定休假要在兩週前提出，
手冊上有寫吧？
員工手冊
我下次會注意。

17

無法處理負面情緒的兒子

帶領孩子坦然接受自己。

我買過一台可以載四個小孩的拖車，某次就載著我家小孩、鄰居小朋友在社區裡玩。玩著玩著，孩子們開始要求我推快一點，我將拖車取名為「地獄特快車」，在下坡路奔馳，孩子們也玩得很開心。就在我累得滿身大汗，和孩子們表示：「最後一圈，該結束了。」時，其中一個男孩邊抱怨：「真無聊，我本來就討厭玩這個。」邊下車。孩子身上好像經常會發生這種事，說些和自己心情無關，破壞氣氛的話。這時該怎麼反應呢？

「很無聊嗎？那麼你為什麼一直玩到現在？你就不要玩啊，不是說無趣嗎？」

或許是想讓孩子知道剛才的發言不適合，但是這種說法的懲罰效果遠遠大於教導。

家有兒子的父母，必須要多關注兒子的「不必要發言」。有別於同理能力相對高、敏感度也高的女兒（當然也有不是這樣的女兒），兒子真的很容易講些與自身意志無關，卻會惹毛人、讓對方不舒服的話。如果當下只是發火或是想用懲罰讓孩子改掉壞習慣，只會搞壞彼此關係。這一點就算兒子長大了也一樣。大腦科學家主張男性處理情緒的能力比女性差，甚至可以說男性無法正確看待自己的情緒、揣摩對方情緒的能力也不足，因此經常講些沒必要的話。

心理學將其稱為「反向作用」（reaction formation），屬於一種防禦機制，為了調適自己的心情故意說反話。剛剛大家一起坐拖車太有趣了，但是現在不能玩，為了調適心情，所以故意說「好無聊」。問題是這樣的發言完全沒有考慮周邊人的心情，也會破壞關係。最初是想要調適自己的心情，但後來就為了掩飾自己的失落心情或主導彼此關係，養成「說壞話」的習慣。

當下發生這種情況時，該怎麼做才好呢？**幫助兒子把彆扭的表達方式，調整為真誠坦率的說話就好。**

「俊俊，還想玩卻不能繼續，所以很失望嗎？這種時候要說『太可惜了』。」

這樣的對話，會讓兒子學到接受自己的真實心情，以及正確處理負面情緒。當然，孩子沒有辦法一下子就改變，父母必須不斷地教導孩子正確的情緒表達，而不要急著責罵。越是急著改善問題，就越會冒出不必要的話語和情緒，反而會讓孩子認為「明明你自己也在生氣，又說我講話不對？為什麼？」

★ 教養原則 30

教導兒子時，最重要的就是不被他的話給影響。

BAD
你說什麼！
這個好無聊，
一點都不好玩！
那你幹嘛玩到現在？
下次你就不要玩！
我才不搭呢！

GREAT

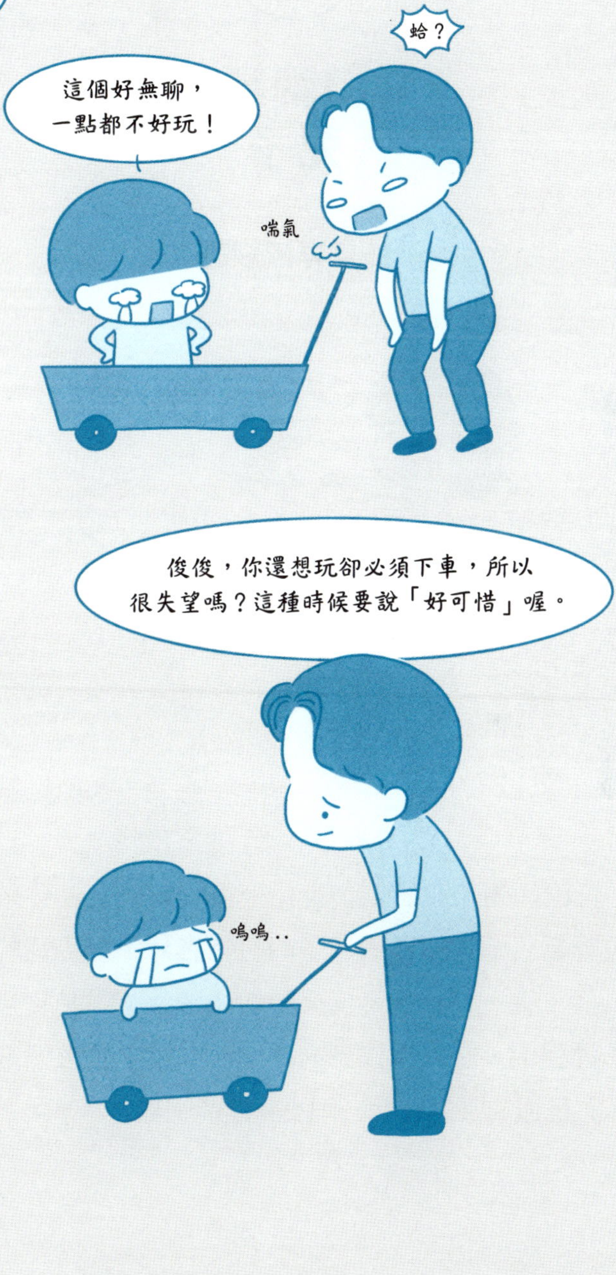
這個好無聊，
一點都不好玩！
蛤？
喘氣
俊俊，你還想玩卻必須下車，所以
很失望嗎？這種時候要說「好可惜」喔。
嗚嗚..

18

愛發脾氣的兒子

不被自卑感糾纏。

有位媽媽和我訴苦，說兒子很容易因為一些瑣碎小事發脾氣。她還給我看兒子的日常影片，影片裡的男孩因為積木疊不好，就又哭又鬧地發脾氣。這其實是教養孩子過程中，經常會遇到的問題。問題不是孩子亂發脾氣，而是通常都要哭個一兩小時才能消停。

已經按照育兒書上教的，在孩子發脾氣時，耐心等待到孩子可以自己調節為止，但是無論過多久，情況都沒有好轉。沒有改善的理由很簡單，因為孩子發脾氣並不是為了「控制父母」，而是在生自己的氣。

每個人都有脾氣，但是男孩的發脾氣卻和虛張聲勢有很深的關聯。當某件事情沒法做到如自己所想，或自認是個帥氣有能力的人，但是現實狀況卻不是如此時，就會因此受到各種打擊。有些孩子會很幼稚地責怪他人以此提升自己地位，也有孩子會生氣地打自己的頭。依照我的觀察，這種時候爸媽最普遍的反應如下：

「你再這樣發脾氣，就別玩了！為什麼又要生氣又要玩？」

這樣只是以怒氣壓制怒氣。高聲責怪是會有種暢快感，某些時候也確實可以讓孩子的情緒沉澱下來。問題是這種方式無法讓孩子累積處理自身情緒的經驗，而是靠著旁人硬壓下來的。習慣這種方式的孩子就算長大了，只要情緒一來，也不會認知到自己的問題，或是想要自行去調適，而是去找更強烈的外部刺激，例如：生氣時就會想捶牆壁或是打自己的頭。

為此，我們不能讓孩子習慣爸媽用更高的音量來壓抑怒氣或提醒。這麼做，極可能讓孩子在長大後每有情緒就需要其他的強烈刺激。

這種方式還有另一個問題，就是情緒會「傳染」。要處理孩子的情緒，就不能被孩子的情緒影響——兒子的情緒特別容易影響媽媽，而媽媽的情緒則是會傳染給爸爸。如果用「為什麼要這樣發脾氣？不可以這樣！」的方法處理兒子的情緒，就很容易跟著孩子一起陷進去。這種時候最好的方法是教導兒子處理自己的情緒。給孩子一輩子適用的「情緒處理」態度，才是有意義的。

即使長大成人了，人類依舊會感覺到理想中的自己和自己實際模樣之間的差異。理想崇高、期望自己有成就的男孩更是如此。面對人生中的自卑感與落差，我們必須從小就要教育兒子不被情緒淹沒的方法。若是放任孩子囚禁在自身情緒裡，就會讓孩子養成亂發脾氣的壞習慣，或是忘記其實是自己不懂得控制情緒，只記得媽媽常對自己發脾氣。

現在來看看陷入情緒裡的兒子。我在教育現場看到那些發脾氣的孩子，常覺得他們的心其實都卡在自己的情緒裡，外界的一切都進不去眼裡，對其他事物也沒有興趣。在這種情況下，要幫助他走出自身的世界，解法很簡單——類似先前提到幫助孩子調節怒氣的方法。**在孩子憤怒的當下，不要放任他不管，而是從身後抱住他，暫時擔任讓孩子離開情緒的媒介，或是將孩子帶到可以喘口氣的地方，讓他們看著媽媽或爸爸的眼睛**，僅僅是這樣，憤怒中的孩子都會好很多。

「俊俊很生氣對不對？媽媽知道，但是我們要學習控制。來看著媽媽的眼睛。」

萬一這麼做還是沒用，請將孩子擁入懷中，一邊輕拍他的背一邊說：「俊俊可以生氣沒關係。你生完氣再跟媽媽說。」讓孩子知道他是可以生氣的。

總而言之，第一「幫助孩子自己靜下來」，第二「不在責怪或對立的狀態下教導孩子」，第三「帶領孩子走出情緒，絕不放任不管，給孩子可以換氣的提示」。最重要的是，孩子生氣的時候，大人不能也跟著陷進去或是對孩子的狀態置之不理。

當父母了解這種方法後，最大的好處就是看著生氣的孩子不會感到無力。孩子這麼辛苦，自己卻幫不上忙的想法總是讓做父母的內咎。不要對生氣中的孩子做出「為什麼要這樣」的反應，試著想想「我的孩子不知道怎麼脫離生氣的情緒」。帶領孩子反覆累積擺脫不安的經驗，不僅對孩子有效，對照顧者也能很有用。隨著時間經過，不斷看到問題被解決，即使面對困難的教養，我們也會產生自己做得到的力量。

★ 教養原則 31

孩子的脾氣不該是媽媽情緒的來源，請教導孩子擺脫不安的方法。

孩子捲入憤怒情緒時

被情緒蒙蔽了，看不到週遭情況

媽媽用更大的脾氣來壓制

傻傻在生氣嗎？
媽媽知道，但是我們要冷靜。
氣氣氣
媽媽幫你，
看著媽媽的眼睛。
身體接觸
+
視線接觸
……冷靜下來了。

19

拉不下臉
請求幫忙的兒子

建立對這世界的信任。

男孩有個問題，就是無法說出當下的困擾。「講出來的話，會被媽媽教訓」、「大人一定又要碎唸」……總是有各式各樣的理由讓兒子想要自己去解決。尤其是在學校或遊樂場與人發生爭執、需要仲裁時，兒子不僅不會和父母說，甚至講了，父母也聽不懂孩子在說什麼。

兒子：就說了是他先弄我的！

媽媽：你講清楚好嗎！

兒子：是他先那樣，所以我才這樣啊！

媽媽：你講這麼模糊，媽媽怎麼聽得懂？

這時，一直在旁邊看的人來插嘴了。「是那個人先來弄他。他叫對方不要弄，但是對方不停手，他才會打人。那個人就哭了。」能夠把事情說明到這個程度的兒子，已經是非常難得的了。有相當多的兒子無法好好地說明事情過程；還有很多媽媽輾轉從別人口中聽到對自己兒子的描述，都會懷疑「這真的是我家兒子嗎？」

到了青春期，兒子更是會用關上房門的方式，把自己的問題隱藏起來。多數兒子都認為「可以自己解決問題的男性最帥氣」。大概是這個原因，兒子只要上了小學高年級就開始對媽媽產生矛盾心態。心裡是很愛媽媽，卻不想聽媽媽的話。雖然媽媽是非常舒服的安身之處，但反過來說也是自己需要脫離的所在。

想要自己處理事情的想法很棒。所以，在兒子還沒有解決問題的能力，又想自己嘗試時，最好是從旁等待。孩子遇到問題時，父母常會想要講給他聽，但對兒子來說，他是透過「經驗」學習，而不是聽「說明」來學習，因此最好是等他嘗試過後再簡短說明。但是，女性特質較高的孩子就需要更仔細地說明，所以才會有過這樣一句話：

「有多少女孩因為爸爸笨拙的回答，所以需要再問一次媽媽；又有多少兒子因為媽媽過度說明，而被剝奪了實驗和探索的機會？」

在尊重兒子傾向的同時，平常就要讓兒子練習遇到問題時懂得求助。舉例來說，在孩子年紀還小，哭鬧著要東西時，可以教他說：「請給我。」這樣正確的表達方式，能讓孩子擁有獲得想要物品的經驗。讓孩子自己去向店家老闆要叉子或湯匙，也是很不錯的經驗。向初次見面的陌生人有禮貌地提出請求，並因此取得物品的成功經驗比我們想像中的珍貴。這些經驗可以讓孩子知道「只要我正確地提出請求，旁邊的人就會幫助我」。

從小就擁有這種經驗的孩子和沒有這種經驗的孩子，兩者的差異非常大。就算被對方拒絕，也可以告訴孩子：「傻傻，雖然沒有借到叉子，但是你鼓起勇氣去借需要的東西，真的很棒喔！」

有越來越多的父母會告訴孩子：「我不會原諒欺負你的人！」教導孩子不要輕易信任人並非不對，但還是要讓孩子知道這個世界是值得信賴與依靠的。

經常看到有些遇到問題的孩子，明明只要和大人商量就能輕鬆解決，但卻一人獨自受苦。身邊盡是只要開口就願意協助的人，卻連一句請求幫忙的話都說不出來，無端端讓自己卡在困境裡，看到這樣的孩子我傷透了心。我年輕的時候，也有過一段無法開口請大人幫忙，自己四處打工、發送豬腳店貼紙，以籌措生活費的日子。因為覺得開口說需要就是承認自己的無能，所以在創業初期我也是經常暗暗叫苦。

現在回想起來，其實只要敢說出來就好了，不一定要找社福團體，身邊應該也有許多長輩願意提供協助，卻因為說不出口而把自己困住。孩子可能也是因為過往經驗，認為就算開口求助，也不會有人願意幫他。即使如此，我們也必須讓孩子相信在辛苦、難熬的時候，只要開口向周遭求助，一定有人願意伸手拉他一把。「這世界值得信賴」絕不是嘴上講講而已，而是要透過經驗才能體悟到。

★ 教養原則 32

遇到問題時一定要懂得求助，請培養兒子對世界的信賴。

沒有傻傻可以用的叉子……
!!!

我嗎？
你可以
去跟老闆說嗎？

嗯？
請問……
請問有叉子嗎？

來，在這裡。
原來只要我開口，
大人就會幫我啊。

20

為媽媽管教而委屈的兒子

認同他的心情，但是要約束行為。

「不是那樣的啦、好生氣！」

這是兒子們很常說的話，不知道為什麼兒子們心裡總有很多委屈。可能是因為言語發展比較慢，無法為自己辯解而累積的鬱悶，也可能是因為誤會對方的心思而委屈。這種時候就算對兒子說：「你有什麼好委屈！」，他也不會察覺「原來是我搞錯了」，只會對不理解自己的媽媽生悶氣。

「每次都只講我！」

容易陷在自我世界的兒子，雖然很能專注在自己的內在世界，卻不擅長掌握對方心思，因此會誤會媽媽的管教。但是再良善的意圖，若是因為誤解而無法好好傳達給對方，彼此的溝通就只會流於表面。

因此一定要去蕪存菁，去除不必要的情緒、留下最重要的訊息，並且還要熟悉教導孩子的方式。讀到這邊，各位應該都覺得自己理解了。但實際情形是如何呢？假設現在要叫兒子去刷牙。

媽媽：俊俊，該刷牙了。

兒子：不要，今天玩不夠，我還要玩！

這種時候，很多爸媽會為了證明「今天玩不夠」是錯的，開始去討論今天做了什麼事。「怎會玩不夠！不是去公園了，剛剛也跟哥哥一起玩。」這樣的話一出口，親子就是站在對立立場了。兒子說的「今天玩不夠」，只是照他的標準來看，所以才會出聲抗議。那該如何處理這類每個人自己心裡各有立場的對話呢？怎麼說才能化解對立，又能有效教導孩子呢？**遵守「認同心情並約束行為」的原則即可。**

「原來俊俊今天玩得不過癮啊（**認同心情**）。但是，我們還是要停下來去刷牙（**約束行為**）。」

當兒子提出不合理的要求時，記住「認同心情並約束行為」的原則就好。如此一來，就可以避免兒子陷入對立，還能在照顧孩子心情的同時教導他。試著再換其他狀況，這是平常的對話：

兒子：媽媽！我可以再玩一局嗎？

媽媽：今天的遊戲時間已經結束了，不能再玩了。

兒子：那我要做什麼，好無聊啊。

媽媽：你有什麼好無聊的？玩具那麼多，要媽媽把這些玩具都丟掉嗎？

兒子：哼！媽媽只討厭我！

現在，套入「認同心情並約束行為」的原則。

媽媽：媽媽懂你的心情，也能理解**（認同心情）**。不過，還是不能玩遊戲**（約束行為）**。

兒子：為什麼？讓我玩嘛，再玩一局就好。

媽媽：俊俊真的很想玩遊戲耶。那明天放學再玩吧，今天不可以。

兒子：明天？可是我現在就想玩。

媽媽：媽媽真的了解俊俊的心情，媽媽也想讓你現在就玩。但是我們已經約定好了，所以不行。

這樣的回應方式，就可以在不放入非必要情緒的同時教導孩子。必須讓兒子了解雖然媽媽能理解我的心情，但是能否允許我玩卻是另一回事。如果各位在管教孩子時，他們總是委屈不滿的模樣，建議就要這樣處理。剛開始不會很順利，尤其約束心情和約束行為很容易搞混。請在日常的管教中問自己：「我想控制的是兒子的心情，還是行為呢？」並且充分思考，才會內化成自己的東西。

★ 教養原則 33

理解兒子的心情，就能減少不必要的情緒衝突。

今天玩不夠，好無聊！
我現在就要玩！哇哇哇！
心情
行為

接納情緒

覺得玩不夠
很難過嗎？
媽媽懂。

只管教行為

但是玩不夠就搗亂，
這樣不對喔！

21

輸了就大哭的兒子

處理孩子的好勝心。

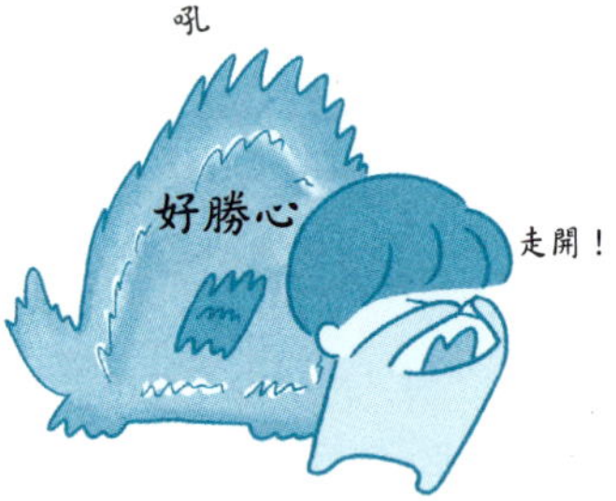

「你只會這樣喔，你是笨蛋嗎？呵呵呵。」

「管好你自己啦，傻瓜！」

男孩的好勝心從日常用語就可以看出。偶爾聽到兒子和朋友間的對話，真的會懷疑他們到底是感情好，還是因為沒有其他人才勉強玩在一起。站在媽媽的立場，看到兒子老愛找會吵架的朋友玩時，心裡不免冒出問號：那麼會吵就不要一起玩啦！爸媽該如何對待和朋友玩到最後總是爭吵收場的兒子呢？

這點在小學的運動場上也常看到。孩子們一起玩激烈運動，玩到最後情緒大爆發，這時候該如何處理？首先，面對年紀較小的兒子，要教他們控制自己情緒的行為。因為這樣才能培養他們調節自我情緒的能力。用負面心態看待這種情況，會讓我們捲入孩子的情緒裡。

「這麼會吵，到底為什麼要一起玩？這樣不是只會讓心情變差嗎？不要再一起玩了！」

這樣的建議只會剝奪兒子面對自身情緒的經驗。必須要記得，兒子是種透過體驗來學習的生物，**多數的兒子在腦袋思考前就用身體先行動了，再用全身去吸收後續產生的結果。**問題是，有過類似經驗也學不到要點的情況。如果幾次經驗下來，都找不到方法與同伴相處，之後就會被孤立。因此，爸媽沒有必要把「兒子們在情緒爆發前，親身經驗去學習」這件事當作錯誤行為，還為此生氣。而是要在孩子們重複出現多次衝突，卻依舊沒有改善時，才果斷介入。

想像一下在場上踢足球，因為賽況激烈而情緒激動的兒子，鬥志高昂地大喊：「一定要贏、絕對不能輸！」不斷地鼓舞自己。過度投入的情形下，被困在「如果沒贏，自我認同就要崩塌」的狀態裡。這種時候對孩子說：「那麼生氣的話就不要玩了！為什麼要玩成這樣，不懂耶。」有用嗎？媽媽可能是覺得「這種玩法很可能會跟朋友鬧翻，還不如到此為止」，但實際上在兒子的腦袋裡沒有餘地可以容納這些想法。

電動玩到一半就發火、猛力敲打鍵盤的兒子，心裡可能是覺得「我連電動也玩不好」、「今天怎麼特別不順」等等，因「理想中的自己」和「實際上的自己」間的差異而承受巨大痛苦。這時爸媽要做的是「介入、暫停」。腦袋已被好勝心填滿的兒子，聽不進去「越生氣就越做不好」之類的話。而且這樣教孩子，當媽媽或大人不在身邊時，極可能會引發「不知道為何需要調適情緒」的問題。因此，最適合的介入是要「暫停到調適好情緒」為止。

被瞬間情緒帶著走的兒子，需要「換氣」。很多沒法聽話的孩子被打幾下屁股後就會安靜下來，也是這個原因（雖然也有害怕的成分），瞬間的強制換氣可以讓孩子從深陷其中的激動情緒裡抽離出來。所以重點是找到不會傷害兒子，同時可以讓他換氣的方法。

「俊俊請暫停，這種時候要暫停喔。你看著媽媽，我們來深呼吸，等你好一點再開始。」

等孩子調適好情緒，才可以重新開始；如果情緒依舊亢奮就再暫停、讓孩子冷靜下來。必須讓孩子知道把自己調整好，才可以繼續這個遊戲。求勝心過度強烈的兒子，就像四處亂撲的飛蛾，不能讓孩子被沒有緣由的好勝心給纏住。

對兒子來說，好勝心不是不該碰觸的負面情緒，而是必須用一輩子去相處。想要兒子不求勝是不切實際的想法，不如在兒子被好勝心困住時這麼想：

「終於有機會可以告訴孩子如何和好勝心相處了。」

如此一來，看待兒子不服輸、一心求勝的心情也會變得輕鬆許多。

★ 教養原則 34

當兒子被某種情緒支配時，父母不能直接幫他改變。請陪伴孩子，讓他的情緒可以「換氣」。

BAD
吼
好勝心
走開！

GREAT
咯咯
走吧

22

認為接受管教就代表屈服的兒子

減少沒有原則的管束。

媽媽：你覺得自己有沒有做錯？有沒有？

兒子：……

媽媽：你不知道為什麼挨罵嗎？

兒子：好啦，知道啦……

兒子到底知不知道自己犯了錯這件事，總是很讓媽媽鬱悶。因為兒子的表現，就是一副聽了卻又好像沒聽進去的模樣。

媽媽：那你說，哪裡做錯了。

兒子：我哪裡做錯了？

媽媽：什麼？你不知道？

這種情形之所以不斷重複，是因為不了解兒子「不願屈服的心理」。媽媽的心裡是希望兒子可以察言觀色低頭示好，但兒子卻想追究媽媽說的話是否恰當。

「媽媽妳也看電視，為什麼唸我玩手機？」

「媽媽妳也大聲說話啊。」

媽媽是拚命地壓抑即將爆發的怒氣，兒子卻不懂得看狀況，盡是說些火上加油的話。

我認為兒子這樣的態度和「自我導向[7]」有關。兒子真正的想法是「不被對方的話擺布。如果這是正確的規則，而不是媽媽的情緒，我就願意遵守」。這樣的想法

7. 自我導向：自己主動引領自身事情的性質。

很正確，但我們想要教導兒子的不只是「察言觀色」而已，還有「社會規範」。只是，何為社會規範、何為察言觀色，兩者的界線很模糊。

區分兩者的方法是：這是在問題發生前就告知孩子的情況，還是臨時發生的狀況。舉例來說，看著兒子沉迷於遊戲裡，媽媽非常不高興，於是坐在一旁假裝看電視，但是兒子完全不知道停止，這時候若開口罵兒子玩得太過頭，兒子就會覺得這是媽媽情緒性的管教。

「你還玩？玩太久了吧！」

這麼說話勢必會讓兒子不滿，認為「媽媽自己也一直看電視，為何要罵我」。如果想要鞏固身為家長的權威，就要減少這種情緒性的管教方式。然而，每天為各種煩心事操煩的媽媽，本來就很容易因為腦中突然閃過某個念頭，臨時想到一些該做的事，例如在廚房忙煮菜，看到亂七八糟的客廳，兒子經過的每個地方都像戰場一樣，這種時候如果因為覺得煩躁而開口說：「你還不整理？」兒子極有可能敷衍地回答：「等一下弄。」聽到兒子這樣好像有聽到又好像沒反應的回應，不滿的情緒勢必會飆升，這時候千萬要避免「一時的情緒發言」，而是要「事前告知」。

「事前告知」很重要，對大人來說也是如此。假設主管沒有任何預告就要你去外地出差，那會是讓人多慌張的一件事。出差這種事不是得提前說？當天才告知，有誰可以接受呢？孩子的心情也是如此。經常聽說有爸媽覺得孩子年紀還小，就不會明確告知現在的情況、之後會發生的事、今天該做什麼的案例，實在是不適合。

媽媽的腦海裡對於家事幾點可以完成，何時可以帶兒子出門都有大致想法，卻不一定會告訴兒子。請試著把兒子當成公司的「新進員工」，儘量分享腦中的想法。想像一下在職場上的狀況，對待兒子也要這個樣子，都盡可能地提前告知吧。

不管是要離開親子餐廳的遊戲區、要孩子放下玩得正開心的電玩、要孩子別再看電視、送孩子去補習班或是該吃飯時……都要做到事前預告。當然，並不是只要有事前預告，兒子就會乖乖照做；在某些情況確實不能過於顧及兒子的意願。然而在堅定地進行管教前，「有沒有事前告知」對兒子來說真的很重要。

★ 教養原則 35

父母若想讓自己說的話具有權威性，就必須對後續要孩子做的事「事前告知」。

我們 30 分鐘後要離開喔，
你要先有準備喔。

23

不接受媽媽指令的兒子

重新整理母子關係吧！

從很久以前開始，就有韓國的新聞媒體在討論「不要成為只會下命令的指令型父母」。結果造成很多人對此產生誤解，以為給兒子們指令是不對的事，對此感到非常抗拒。因為想要成為懂得尊重孩子、像朋友一般的父母，所以尋找各種技巧，盡可能不直接對孩子說「不」，努力幫助孩子自己做出適當的選擇。舉例來說，該離開遊樂場的時候。

「別玩了，我們要走了喔？」

才一開口，就得到孩子反抗的回應。問題是，明明就是該離開的時間，卻讓孩子可以有所選擇。加上孩子也回答「不要」，自然是走不了。這是因為爸媽的問話讓孩子覺得可以選擇。接著，父母就會開始威脅孩子：

「那你一個人留在這，媽媽要走了。再見！」

這樣會讓孩子覺得爸媽只是說說而已。舉例來說，假設公司上司說：「現在希望大家天馬行空，發想各種點子。」但是只要有人發言，又會拿出各種理由打槍，直到有自己覺得適合的答案出現為止。也許上司自認是個即使知道答案，也會給組員表現機會的優秀組長，但組員只會認為上司是「答定你[8]」組長，說不定還會認為「都有答案了就直說啊，何必假惺惺」。這種會議，我們

8. 答定你：韓國新造詞「答案已經定好了，你只要回答就好」的縮短。是指已經決定好自己想聽的答案，向對方提出問題，讓對方回答出自己想要的答案的人或行為。

都會稱為「揣測上意的心理遊戲」。

這種情況若反覆發生，會導致上司的權威下降，因為大家都認為這個主管很虛假。轉換到孩子身上，他們也會在父母的話中感覺到其他意圖，無法信賴父母。為了生存，人類的本能對於「虛偽」這件事很敏感。這不是經由學習得來的，而是天生具備的。因為若是無法將說謊的人盡快逐出群體，整個群體就會有危險。

離開遊樂場的時候，我們要能很自然地跟孩子說：「我們要走了，玩完這個就要離開喔。」不用太過委婉「媽媽想走了。現在可以嗎？時間太晚了！」；直接說「___點要離開」是最適當的。已經決定好的事情，卻拐彎抹角說得好像可以選擇，那叫「虛偽」。需要尊重的事可以充分詢問當然很好，但是在給指令的時候，就要明確地告訴孩子怎麼做。

害怕「給指示」和「告知怎麼做」的父母，無法給予孩子信賴感。孩子會覺得跟爸媽的平日相處，就像是和兩個力量跟自己不相上下，只是體型比我大的人一起生活，如果這兩個原本對我唯唯諾諾的大人，突然給我指示，就會讓孩子不高興。我當然可以理解現在的家長都想當個像朋友般的親切父母，這樣不是不行，而是要等孩子真正的長大成熟後，再來當朋友。現階段，兒子需要的不是像朋友一般的父母，而是可以給予正確方向，讓他想追隨的父母。

接下來要注意的是，**已經決定好的事不需要過度說服**。對兒子作出指示後，後續要做的就是說明為什麼要給這個指示，而不是說服孩子接受。這點對已經進入青春期的孩子可能會有問題，但是對年紀尚小的孩子來說，卻是很重要的指導方法。如果各位爸媽每次都要說服孩子去做理當該做的事，就得停止這樣的做法。

舉例來說，要求孩子去刷牙，而孩子回答「不要」時，就不應該追在孩子身後問：「為什麼不刷牙？你為什麼不聽媽媽的話？」

詢問孩子為什麼，或是想用溫和手段讓孩子聽話的行為，等於是把主導權交到孩子身上。這種時候應該直接說：「不想刷牙嗎？我明白你的心情，但還是要做。」

要求孩子去刷牙，孩子用「等一下」來推託或反問的話，可以說明一次（過多次數就沒必要了）。最好是徹底說明一次、事前告知就行動。

反覆講些「拜託你去刷牙。不刷牙，牙齒會爛掉。快點快點。看在媽媽的分上去刷牙吧！」這樣只是死纏爛打。當這種狀況不斷地發生時，孩子就會產生錯覺——認為爸媽雖然有給指令，但最終決定權還是在我身上。越是以自我為中心的兒子，越容易這樣理解，讓父母一再為同樣的事煩心。

越是年幼的兒子，父母越要握住最終選擇權。不能以「尊重」孩子的意向為理由，逃避身為父母該做的事。五歲的孩子無法決定要不要刷牙，但只要媽媽的立場堅定，孩子也能快速適應。請務必擺脫「我可以這樣要求孩子嗎？」的疑慮，唯有如此，父母才能在孩子進入青春期時，交給他們更多的決定權。若父母在孩子年紀尚小就無法掌握好決定權，等到兒子進入青春期，就別想要掌握決定權。

教養是以自己擁有的權限來教導孩子生活方式，然後在孩子的成長過程中，一一將權利交還給孩子，幫助他自立。

★ 教養原則 36

與其想在孩子年幼時當個朋友一般的父母，父母的權威和信賴對孩子來說更加重要。

〈媽媽的權限量表〉

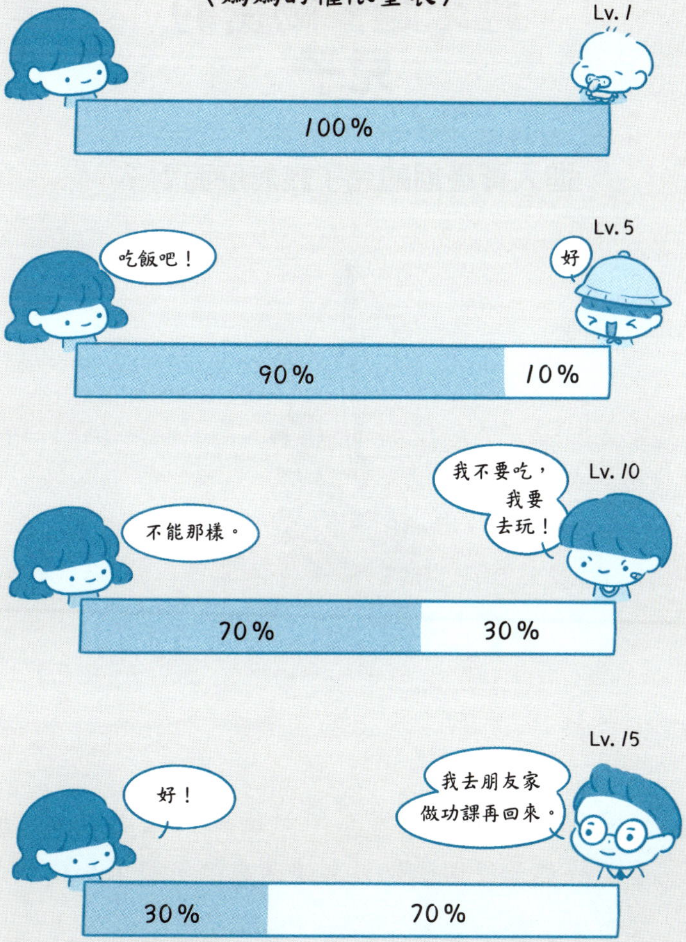
Lv. 1
100%
Lv. 5
吃飯吧！
好
90%
10%
Lv. 10
不能那樣。
我不要吃，我要去玩！
70%
30%
Lv. 15
好！
我去朋友家做功課再回來。
30%
70%

24

越來越多祕密的兒子

進入青春期的兒子該怎麼面對？

「老師，我家兒子突然開始拒絕和我溝通。他的事，我都是從同學媽媽那邊聽來的，我不知道該怎麼辦！」

向來對自己沒有祕密的兒子，不知不覺間，話變少了、祕密也多了。以前是覺得兒子話太多，經常纏著媽媽講話，講到媽媽覺得煩，長大之後卻在媽媽面前一句話也不說，讓媽媽不禁感到鬱悶，也懷念過往時光。為何兒子不再對父母暢所欲言了呢？一方面是因為先天的情緒處理能力不足所以閉嘴，一方面則是兒子想要訓練自己做決定。

進入青春期的兒子，他的心情是「我長大了，想要自己試試看」。這時候父母必須要尊重兒子，如果認為「你還是要聽媽媽的話」，一心想拉近與孩子之間的距離，反而會激起兒子的防禦心。

進入青春期的女兒，話也會變少，相信身為異性的爸爸對此都會有強烈的感覺。但女兒的這種情況對媽媽來說，一方面是因為同性，一方面是女性在面對壓力時，需要透過和人對話才能消除，所以女兒和媽媽不太會有很大的隔閡感。

但是兒子就不一樣了，兒子在壓力累積時必須要靠玩遊戲來排除，這對媽媽來說是件難懂的事。「累就說啊，為什麼要自己一個人悶著頭玩。」因為兒子突然的劃分距離，媽媽也會有「分離焦慮」，沒錯，就是經常用在嬰幼兒身上的「分離焦慮」。看著青春期的兒子想要自己解決事情，父母的心情並不好受。

需要持續的訓練，才能把「自己做決定」這件事情移交給兒子。以前兒子會問：「媽媽，我可以買這個嗎？」通常媽媽都會給孩子一定程度的指引，再由媽媽做決定，但在兒子進入青春期後，就需要對孩子說：「這件事，俊俊現在也可以做決定吧？俊俊決定好再跟媽媽分享為什麼。」

面對閉上嘴的兒子，已經沒有什麼指導需要教給他。**與其老是想著要怎麼教孩子，重要的是支持、為孩子加油的心。**此時需要被指導的人也許不是兒子，而是媽媽——**練習就算兒子不在身邊，自己一個人也能好好生活**。但是，這樣的情況並不代表彼此間有距離。我們必須要成為當兒子結束在外航行需要返家之際，隨時都能給予溫暖擁抱的港口，各位爸媽務必要做好這樣的心理準備。

★ 教養原則 37

孩子是透過父母的信任和支持而成長的。與其為過往的時光失落，不如對未來抱持期待感，為兒子的下一階段加油。

兒子 TV

話題影片✓

男孩媽媽要知道的事

兒子的性教育四重點

現在來談談所有媽媽都關心的主題——性教育。有件事我們必須要明白，性教育在智慧型手機出現前後的差異相當大，而現今時代的兒子性教育可以分成四個重點。

重點 1 因為智慧型手機而必須調整的性教育

隨著智慧型手機登場，孩子拍下自己身體的照片上傳網路、要求對方提供身體照片、在聊天群組裡分享照片……變得是件再容易不過的事。對此，我們必須抱持找出問題並積極處理的態度。但，更大的問題是這樣的事情一旦發生，就不會隨著時間經過而消失，甚至極有可能會持續一輩子地折磨孩子。

一定要針對這點好好地教導孩子。

各位爸媽必須知道，多數孩子都無法理解未經同意就隨意拍攝他人是相當危險的行為。任意拍攝他人的照片或將影像上傳網路，稍有不慎就可能造成犯罪。但是，這個概念在家人間相對地模糊，因為媽媽們也經常會幫孩子拍照、上傳社群分享。這種行為當然無法視為錯誤，但對孩子來說卻可能會誤以為「我拍自己喜歡的人的照片（影片）上傳是正當的行為」。另一種情況是，孩子也可能不喜歡媽媽任意上傳自己的照片。因此建議媽媽在上傳照片前先讓孩子看過，詢問是否可以上傳給大家看——這一點很重要。關係再怎麼親近的人，任意拍攝照片或影像上傳可能會構成犯罪，所以一定要徵求被拍攝者的同意，希望各位都能重視這點。

重點 2　無論如何都不可拍攝自己的身體

前面提過，兒子們在天性上就喜歡虛張聲勢。舉例來說，我聽過有些孩子因為自己練出一點腹肌，就自拍給大家看。請務必要告誡孩子，絕對不可以拍攝自己的身體分享給其他人；如果有必要或是被要求時，一定要告知爸媽，尤其未成年的孩子，一定要得到媽媽、爸爸的允許。更要告訴孩子，給其他人看自己照片的同時要求對方「你也要拍給我看」，是會構成犯罪行為。

重點 3 必須上傳照片才能加入的群組不安全

就算孩子沒有自拍私密照上傳，或是要求其他人提供類似照片，也要告訴孩子，那些必須提供照片才可以加入的聊天群組都務必要小心。

盤點現今時代最重要的性教育內容，希望各位一定要教導孩子這三點：**①不拍攝自己身體的私密照上傳，②不要求他人拍攝身體的私密照，③不加入流傳這種照片的聊天群組。**

性教育是對自主權的教育，要讓孩子明白不能輕易剝奪對自己身體的自主權，更不能在未經他人同意的情況下侵害對方的自主權。

重點 4 與媽媽的肢體接觸

另一個經常出現的提問，就是兒子過度的肢體接觸。兒子就算長大了，還是想和媽媽繼續有肌膚的碰觸。有些孩子睡覺的時候需要捏著媽媽的耳垂，或是把手伸進媽媽衣服裡。媽媽們雖然不喜歡這種行為，但心裡也擔心直接拒絕會不會傷了孩子的心。放心，男孩子沒有這麼玻璃心。

必須明確地對孩子說：「媽媽不喜歡你的這種動作，請不要這麼做。媽媽不喜歡的時候，就不可以碰媽媽的身體。」透過這樣的經驗，可以讓孩子學習尊重他人自主權的方法。

PART 4

一切都是 3C、手遊的錯？

6 階段改善兒子的手遊沉迷問題

兒子為什麼這麼喜歡 3C、手遊？我們有需要認真思考兒子是為了滿足何種需求。只要知道兒子沉迷的真正原因，心疼孩子的心情才能超越不愉快的心情。

階段 1

換個角度看手遊

兒子打遊戲，爸媽就生氣？

「老師。我只要看到兒子玩手遊、打電動就想生氣。只有我會這樣嗎？」

其實很多媽媽都是這樣，一看到兒子玩電玩，情緒就會上來。偏偏兒子無法理解為什麼只是打個電動，媽媽就要不高興。

「媽媽很奇怪耶，為什麼我玩電動，她就要發火？」

從兒子嘴裡說出這種話，表示媽媽已經在兒子心中失去權威性。因為兒子會覺得媽媽「對我的世界一點都不懂，是個無法自我控制的人」。**想要處理兒子的情緒，就必須先處理好自己的情緒。**處理情緒，必須從「正確地理解」開始。看到兒子玩手遊，湧上心頭的情緒有時候是「憤怒」、有時候是「不安」，也有可能是「挫折」。媽媽必須要能知道自己現在的心情是處在什麼樣的狀態。

基本上，「不安」都是從自己不了解的事物中產生的，多數情況下只要好好去理解，這種情緒就會消失。對媽媽來說，「我的世界」（Minecraft）、「機器磚塊」（Roblox）、「荒野亂鬥」（Brawl Stars）、「英雄聯盟」（League of Legends）這些遊戲都是陌生的名詞，是無法理解的存在，光是看到裡頭的打鬥畫面就讓人頭暈，偏偏兒子又沉迷於其中，不安感頓時湧上心頭。**解決不安的最佳方法是徹底了解**。

這些遊戲其實就像媽媽們小時候玩的「鬼抓人」、「紅綠燈」、「疊積木」。沒有試過之前，只會覺得這是暗黑又暴力、會讓人上癮的可怕傢伙，但是仔細了解後就會發現，它們其實跟自己小時候玩的遊戲沒兩樣，只是被搬到網路上了。

當然，這裡不是說可以放任孩子盡情玩 3C 手遊。只是想讓媽媽們了解，在處理兒子的問題時，如果帶著「不安」就會很難進行，因為只要媽媽有不安感，就會胡亂地制止；而反覆地制止，會讓兒子不再相信大人。

為此，我想建議爸媽可以也去試試兒子們正在玩的遊戲，只要試著一起玩，就可以大幅減少不安感。當內心不再不安時，才能看見事情的本質。

3C 或手遊並非壞事，父母該做的是在沒有情緒干擾的狀態下，告訴孩子「不遵守約定才是錯誤的行為」，並以此約束孩子。

★ 教養原則 38

「我再玩一局就好」vs「我再解一題數學就好」是一樣的，當爸媽內心帶有情緒時，就無法好好教導孩子。

吃飯啦！
我再玩一局就去吃飯。

吃飯啦！
我再解一題數學就去吃飯。

階段 2

找到兒子沉迷的原因

為何兒子這麼愛玩 3C ？

多數兒子都很喜歡打電玩，如同先前提及，針對 1,457 位男孩媽媽進行的問卷調查中，有 45.2％回答為「沉迷於 3C、手遊」而煩惱。尤其是後疫情時代，孩子和朋友實際面對面的機會大減，取而代之的是接觸 3C 的時間增加了。3C 遊戲的最大問題就是很難做到適可而止，看著兒子深陷其中的模樣，根本就是「中毒」。即使身體沒有在玩，腦袋裡也想像著遊戲畫面，為了玩遊戲不怕花錢，最想要的禮物是「課金」，和朋友見面時也只是各自玩各自的遊戲。

大部分的兒子被問到「為什麼要玩電玩」時，都會回答：「因為朋友有在玩啊。」這確實是原因之一。看看現在國小男生的休閒活動，相較於約去公園、運動場，相約視訊連線的次數更多。就算是實際見面，很多時間也是在聊最近在玩什麼。如果四個人的男生群組裡，有三人在玩同個遊戲，第四人也只能跟著加入。

「一定要打電玩嗎？不能只交朋友嗎？」這種話在兒子聽來只是荒謬。

為什麼兒子這麼喜歡手遊？這點和男孩「追求有趣和刺激」的傾向有關。男孩先天就擁有會被戰鬥、求勝和成長吸引的荷爾蒙。尤其是幼兒園、國小階段，他們都在尋找刺激有趣的事情。然而，現實世界對兒子來說，幾乎都是不能做的事：「不要亂爬」、「不要吵架」、「不要亂丟」等等。遊戲裡的世界對這些男孩而言，就像一座綠洲，只要認真玩就會獲得朋友或其他玩家肯定。小小的努力就會被看到、稱讚，也解決了兒子的「成長需求」。前面說過，男性遇到壓力時，相較於找人見面訴苦，更傾向於自己解決。因此越常被媽媽指責或是壓力越大的兒子，就越容易陷在遊戲裡。

也就是說，若要簡單歸納兒子喜歡手遊的原因，可以看作是想被認同、提高自尊心、逃避不想做的事。心理學用語稱之為「趨近動機」與「逃避動機」。兒子是為了獲得或迴避某些事物才玩手遊。若想要解決兒子過度沉迷的問題，就必須要了解「兒子為什麼想玩」。乍看之下，兒子只是成天玩著暴力遊戲又經常發脾氣，但是仔細深究就可以發現背後的原因，因為手遊世界確實解決了男孩天生的需求。

第一個需求是「歸屬感」。這是人類非常重要的需求之一。手遊裡有各式各樣的公會，和好朋友相約在遊戲裡，不僅可以一起玩，同時也滿足了歸屬感。若兒子會約朋友一起上線，就是渴望歸屬感的反應。這種時候與其單純要求孩子不要玩，不如想辦法讓他明白線下的實際交友會更好。

第二個需求是「恢復自尊心」。兒子在自尊心低落的時候，會特別想鑽進電玩遊戲裡，企圖讓在線下世界不如意的自己找回自信。在真實世界解決不了問題的自己，在遊戲裡完全不一樣了，只要贏幾次就覺得自己很強大。從這個角度來看，這樣的兒子著實令人心疼。然而不懂孩子心情的媽媽只會大聲責怪，兒子自然會覺得不給自己提升自尊心機會的媽媽，根本不了解自己。

打電玩也會讓兒子找到身分認同。有些孩子在同學間是因為「很會打電玩」而被認同，所以很難與電玩斷絕關係。有別於會想著要跟同學、老師好好相處的女生，男孩進入學校環境的第一瞬間是想著「我哪裡特別」、「我在這班上可以擔任什麼樣的角色」。心中有這種想法的男孩，只要同學稱讚他「你很會打電動耶」，就會為了保有這個評價而竭盡全力，這就是男孩的身分認同。如果因為媽媽的控管而讓自己陷入遊戲等級下降的危機裡，兒子就會非常非常討厭媽媽。對媽媽來說，只是想要兒子別玩得太過火而出聲制止，卻得到兒子這樣激烈的反應，便將兒子視為「遊戲中毒」。但這其實不是「中毒」，而是兒子為了守護身分認同的「戰爭」，只要能理解這點，媽媽的心就會安定一些。

最後一個需求則是「自我實現」。每個人都想要有所成就，尤其是兒子大腦裡的多巴胺和睪固酮，會不斷要兒子去實踐夢想、完成更多東西。現實中做不到的事，在遊戲裡大多能夠輕鬆完成，並得到成就感。抓到幾頭怪獸就可以提升經驗值，再努力一下就能晉級，都會有明確的回饋。

唸書半途而廢或是減肥沒法持續，與其說是因為過程太辛苦，不如說是因為不知道還要努力多久，沒有信心怎麼做才能成功。要有「只要這麼做就能獲得想要的東西」的信心，人類才能不斷地努力下去。電玩遊戲就是抓準兒子這樣的心理——登入遊戲的你超級帥氣、這麼努力的你已經達到多少級數、再抓幾頭怪獸就可以升級，給予兒子非常詳細的回饋和支持……，讓遊戲角色有顯著的成長。就像爸媽看到孩子成長會深感欣慰，兒子看到遊戲角色因為自己的努力而成長，也會非常地開心。

在媽媽的眼中，覺得兒子是遊戲中毒，但是男孩們卻是因為上述這麼多原因而投入電玩世界。有些人是因為自尊心、有些是為了逃避討厭的事、有些是想在群體裡獲得認同和歸屬感。在了解這些緣由後，我們有必要正視兒子是為了滿足何種需求而玩遊戲。知道兒子玩遊戲的真正原因，心疼孩子的心情才能超越不愉快的情緒。在我們出聲制止兒子前，必須先努力填補漏洞。

★ 教養原則 39

兒子之所以愛 3C 手遊是有原因的。必須要了解緣由，才能解開因為遊戲而引起的衝突。

和媽媽之間的關係
國語 30
1
2
3
學校生活
和朋友之間的關係

階段 3

鞏固親子關係

兒子手遊上癮了嗎？

一般來說，媽媽對於孩子玩手遊這件事情，比起單純的擔心，更害怕過於沉迷會「中毒」。如果能保證兒子不會中毒呢？我相信媽媽的心情會好一些。

問題是幾乎所有的孩子一碰到電玩，就會陷進去、聽不到任何聲音，而媽媽一看到孩子這樣，音量就忍不住地放大。過去為此來找我的媽媽和兒子，其母子關係通常都是非常地差。媽媽可能會說：「他只知道玩遊戲，我們關係當然不會好！」但換個角度想，是不是因為和兒子的關係不好，所以才用「孩子深陷在遊戲裡」的想法來安慰自己呢？

來談個有關「中毒」的實驗。以前有個餵食老鼠加了毒品的水，如果老鼠到死前都一直喝這個加了毒品的水，最後也死了，於是判斷這個令老鼠中毒上癮的物質有害。然而有位心理學者布魯斯 · K · 亞歷山大（Bruce K. Alexander）卻指出這個實驗的條件並不嚴謹。

「如果我是老鼠，被關在小小的箱子裡，給我加了毒藥的水和一般的水，我應該也會想要喝毒水喝到死吧？」他以這個疑問作為起點，把實驗鼠放入比原來箱子大許多的箱子裡，裡面還有老鼠的同伴、家人，再放入老鼠喜歡的起司片，打造一個有如「天堂」的環境。讓老鼠們在裡頭生活一段時間後，再次進行給予毒水和一般水的實驗。令人驚訝的是老鼠們只喝一般水。

透過這個實驗，亞歷山大認為中毒本身不是問題，問題是「被關在黑暗現實裡的人中毒機率更高」這件事。這個實驗結果也適用在遊戲上癮的孩子身上。電玩本身只是中毒物質，必須要「具有讓人上癮性質的電玩」和「極度黑暗的現實」這兩項條件都符合，才能滿足上癮的必要條件。

實驗裡丟給老鼠的起司片，對兒子來說，就像「和父母之間的關係」及「現實世界裡的自尊心」。因為玩電玩，所以跟媽媽的關係變差；在離開電玩的現實世界裡，孩子只感受到孤單與寂寞，就此形成電玩上癮的條件。大部分的父母只知道兒子喜歡打電玩，卻不知道兒子沉迷其中的過程，不知道該怎麼面對喜歡電玩的兒子，所以才會想要阻止兒子繼續玩下去。

為此，我認為父母想要阻止兒子打電玩一點意義也沒有，因為只要孩子漸漸長大，爸媽就沒辦法繼續控制他，成為高中生後更是如此。雖然有父母認為只要青少年時期善加管理，就可以熬過這段日子，但是對於男性來說，電玩遊戲是一輩子都必須調適的課題。

當然也沒必要鼓勵兒子去打電玩。只是，不用對玩遊戲的兒子有太多不必要的情緒。請記得，**中毒的相反詞不是「非中毒」，而是「兒子和媽媽的良好關係」**。若各位腦中有「該怎麼做才能減少他玩電玩」的疑問，希望媽媽們換個角度想「如何讓兒子在不打電玩時，也感受到幸福」。

一旦執著於要縮減玩電玩的時間，和孩子的所有對話都會變成與「控制」有關。開口閉口都是和「縮短遊戲時間」有關的話，孩子自然不想和父母對話。相反地，當心裡的目標是「幫助孩子不依賴電玩，也能在現實世界感受到尊重和幸福」，就會形成全新的關係。

試著利用兒子喜歡的事來提升親子間關係。一起手作、繪畫、創作遊戲角色都行，單單是這樣做都會讓兒子感受到自己被媽媽理解。

★ 教養原則 40

多數的父母都覺得戒除電玩，親子關係才會好轉，事實卻非如此。親子關係要好，才能幫助兒子克制。

哇啊！
媽媽！
這是我的新設計。

階段 4

善用手遊遊戲的特點

電玩只有害處嗎？

喜歡打電玩的兒子在父母眼中看起來都差不多，但實際上，只要爸媽對電玩有所了解，就不會這樣覺得了。有些孩子只是打發時間，或是為了和朋友玩，但也有孩子會去看 YouTube 直播主的影片，復盤遊戲裡會輸的情況和原因。曾有專家評論電玩只是一種「刺激一來就按按鈕的爆發力測驗」，很顯然地，這是沒試過遊戲樂趣的人說的話。

舉例來說，如果是棒球遊戲，那絕不只是拿著球棒胡亂揮舞。必須詳細了解敵隊投手的情報，自家打者的各種能力值、上壘率等，如此才能提高獲勝的機會。

是有只要香菇怪物出現就狂按跳躍鍵過關的遊戲，但是也有需要孩子研擬各種戰術，參考攻略才能完成關卡的遊戲。這種遊戲無論是在刺激兒子「大腦思考」或理解「成長概念」上都有正面意義。

站在媽媽的立場，可以正面看待的大概只有桌遊了。但是桌遊和兒子喜歡的遊戲完全不一樣；若兒子特別愛玩遊戲，父母就有必要觀察兒子玩遊戲時的樣子。如果他是沒有意識、沒頭沒腦地瞎玩，那就是麻痺前額葉型態的遊戲。

假如兒子不是單純地玩，而是為了求勝，會整理戰略、享受其中的過程，那就是有助於孩子大腦發展的狀況。可以想像成兒子在玩西洋棋或圍棋，正是大量運用前額葉。有別於父母的偏見，很多擅長電玩的孩子都不是衝動型，這些孩子正在磨練自身的控制能力。如此享受遊戲的兒子，在學習其他事物上也有很高的可能性可以快速學習。所以面對一碰到遊戲就胡亂猛衝的兒子，與其要他「別玩了」，不如帶他一起研究該怎麼做才能玩得更好。**想要遊戲玩得好就必須要理解規則，比任何人都更能自我控制。**

相反地，也有些孩子是玩起遊戲就會胡亂發脾氣。站在媽媽的立場來看，內心不免湧起「有必要又玩又發脾氣嗎？」的想法。若您曾經這樣想過，看完這篇文章請務必用「兒子正在提升後設認知」的想法，重新理解這情況。兒子正處在感受「幻想中我的遊戲實力」和「實際上我的遊戲實力」的差異，藉由「想像中的我」和「真正的我」了解自己。有些孩子在發現自己的實力其實不怎麼樣後就不再嘗試；如果即使生氣還是繼續玩，就可以想成他正在累積自己的實力。自我理想崇高的兒子會需要這樣的過程。

當然，也不能被動地看著。玩遊戲過程中，和線上玩家聊天時也是有發生危險的可能。在電玩世界裡，再可愛的角色，我們都不知道他背後是些什麼樣的人。和學校裡的朋友聊天當然沒問題，但是和現實生活中不認識的人、遊戲裡沒見過面的盟友接觸，極有可能會被捲入詐欺犯罪或性暴力事件，需要格外注意。在這個層面上，一定要掌握兒子玩到什麼程度，建議爸媽也要進入遊戲，與兒子「加入好友」。

★ 教養原則 41

打電玩有好有壞，請活用其優點幫助兒子好好成長。

ID：美娜33
哈囉！很高興認識你。
哈囉！
你住在哪裡？
我住台北，呵！
我今天好無聊 TT
要出來嗎？
獎狀

階段 5

不衝突地限制時間

玩多久才適合？

「他以前都不會那樣，開始打電玩後變了好多。我都會想這真的是我兒子嗎？我甚至覺得只要能讓他戒掉電玩，我什麼都願意做。」

已經和兒子漸行漸遠的父母，很容易把所有問題都歸咎到電玩上。媽媽會認為只要不碰電玩，兒子就能回到以前的模樣。覺得兒子的所有情緒和不滿，都是因為玩了暴力遊戲才開始的。

不過，兒子卻認為是「爸媽不分青紅皂白地限制」讓自己生氣。討厭爸媽不懂我，又隨意把我看成壞小孩的眼神。相信所有問題都是因為電玩的父母，和認為遊戲不是問題、爸媽才是問題的兒子，想也知道會處在高度緊張與對立的狀態。這樣會發生什麼衝突呢？通常都是從日常生活的瑣碎問題不斷累積、爆發。

舉個例子，兒子回到家就先開電腦。看到這情景，媽媽想著「暫且先相信他，如果他知道分寸，就會知道何時要停止」。然而兒子不會知道媽媽的想法，而是認為「今天運氣真好，我打電玩沒有被媽媽唸」。

依據心理學實驗，相較於壓下槓桿就會出現飼料的時候，老鼠在無法預測飼料何時會出來時，會更熱衷於去按壓槓桿。打電玩的孩子也是一樣，只要出現不知道何時會被限制的想法，就會覺得當下的狀態更加刺激。雖然媽媽自認給了兒子充分的時間，但在孩子心裡卻將媽媽視為「會在某瞬間突然爆炸的人」。

「你還玩？媽媽是相信你可以自律，但你都不知道要節制？」

這種話會讓孩子不舒服，認為「那妳就直接叫我不要玩啊，為什麼要相信我又說我不知道要停？」這裡有兩個問題，一個是「一時的」控制，一個是「不必要的言詞」。一時的控制導致憤怒，兒子只會認為「我玩遊戲，媽媽為什麼這樣講我」。

控制某人這件事，需要「誠意」。相較於「就算我不說，你也要知道」的想法，仔細地表達和事前告知更重要。舉例來說，上述的狀況與其媽媽在心裡想著「知道分寸的話，就會自己知道要何時停止」，不如這樣說：

「俊俊啊，按照約定今天只玩兩小時。媽媽在結束前 10 分鐘提醒你。」

然後在時間結束前的 10 分鐘過來提醒。相信「信任孩子，他就會自律」這件事，等孩子再長大一點才有可能做到。現在必須要讓孩子知道界線，幫助孩子在媽媽說好的時限裡結束遊戲。

提醒孩子的時候，如果對他說完「媽媽已經提醒你了，現在自己把電腦關掉」就離開，孩子有可能在掌控遊戲時間上體驗到失敗。不如在旁默默欣賞孩子玩的遊戲並為他加油。我會用「有誠意」來形容媽媽的行為。相較於單純想控管孩子玩遊戲的行為，這樣想要接納兒子世界的態度很重要，會讓孩子更願意遵守與爸媽之間的約定。

之前某次在電視台上課，過程中，一位主播說了下面的故事：「有次我搭飛機，機上很無聊，我就用手機玩遊戲，一位男性空服員對我說：『哇，你好厲害喔！』讓我心想『好妙，這國家的人都這樣說話嗎？』結果遊戲一結束，他很鄭重地對我說：『很精彩的一場遊戲，不過我們現在要降落了，可以請您先停止嗎？』瞬間，我莫名覺得這位空服員身上散發著光芒。」

聽到這樣的話，心情會如何？應該會覺得很不好意思，馬上就同意。飛機準備降落時，禁止使用電子裝置是理所當然的事，然而聽者的情緒會隨著傳遞的話而受到影響。有句話是這樣說的，「嘮叨，就是用令人心情差的方式說出對的話。」因此，電玩並不是不好，而是玩到會影響日常生活的遊戲有問題，不是「打電玩就會變暴力」，而是「因為遊戲而變成彼此攻擊的狀況」。

另一方面，也會有不遵守約定的孩子。明明是自己訂的時間，時間到了又開始推三阻四。各位爸媽遇到這種狀況，勢必會使出殺手鐧，可能是強制關電腦、把電腦移出孩子房間、減少可以玩的時間，又或是直接沒收手機。

這些處理方法絕對有效，但是有些時候只會造成對立、讓孩子反感。關掉兒子電腦後，親子關係極度惡化的案例不在少數。在韓國網路上若搜尋「退出 Family Link2」，可以看到孩子們的文章裡經常出現「侵害人權」或是「虐待兒童」等這些字眼。教養方式一旦方向錯誤就有可能發生極端的反抗，所以一定要學習正確處理方式。讓我們來談談具體的方法：

①將兒子自己訂下的約定寫在紙上，放在顯眼處

有人會對是否需要寫在紙上感到疑惑，這時不妨反過來思考。舉例來說，某天突然有人對我說：「請不要在這裡吃海苔飯捲，我受不了海苔飯捲的味道。」跟在牆上貼上「禁止飲食」的標語，同時跟我說：「不好意思，這裡禁止飲食。」兩者是不是很不一樣？我們要讓自己是說明規則的第三者，不應該讓自己就是規則。

②明示不遵守規則時的處置

可能有人會想有需要這樣嗎？但是孩子有很高的機率無法遵守遊戲時間的規則。在對孩子的信任被破壞，變成失望、憤怒前，必須先認知這對兒子來說真的很困難。要孩子玩到一半停下來，比媽媽追劇到情節最高潮時網路斷線的崩潰程度，還要高兩到三倍。這時不妨訂個規則：今天只能玩到 17:00。如果不遵守約定，手機就要交給媽媽保管。這樣就夠了。必須注意的是，不要講些「不遵守約定，一輩子都不能玩遊戲」這類做不到的話。無法遵守約定的情形反覆發生，不僅媽媽會生氣，兒子也會對無法遵守規則的自己產生不信任感，變得自

尊心低落。

③平靜且冷靜地執行處罰

不能抱持「現在他應該知道不對了吧，好像也有反省，那就這樣吧？」的想法。兒子要學的不是理論，而是感覺。不能因為顧著眼前的遊戲而無視約定好的規則，這也是兒子要學習的重點。

大部分的問題到這時候，情況都會好轉。但還是有些孩子依舊會唱反調，甚至會這樣想：媽媽要求的事我都做了，功課也做了，為什麼我想做的事媽媽都不允許？有些話聽起來是很牽強，但也不是沒有道理。

兒子在訂下時間約定的時候，是想著「這是我為媽媽做的犧牲」。他不會想著媽媽是在幫他，而是媽媽想要操控我。因為媽媽平常都是這樣講話。

「你到底懂不懂自律啊？」
「我相信你，那你自己有分寸嗎？」
「你明知道媽媽不喜歡你打電玩還一直玩？」
「你再不知道停止，媽媽要生氣了。」

這些話裡隱藏了「因為媽媽，所以我必須控制打電玩的時間」，所以我們必須換個說話方式。

「你現在需要學習控制打電玩的時間，但是這件事很難，所以媽媽得幫你。」

當然，兒子不會因為你這麼說就會放下遊戲。只是如果沒有這過程，只強硬地要他結束遊戲，就有可能經歷前面提的案例。親子教養要經歷各種過程，父母的強硬措施才能在必要時發揮出效果。

在限制孩子這件事上，必須要有「誠意」和「付出時間」。愛打電玩並不是什麼滔天大罪，孩子當然可以享受打電玩的樂趣。兒子因為沉迷於其中，忘記該做的事或是約定等等，對生活習慣造成影響，那才是大問題。

★ 教養原則 42

因電玩而引起的衝突對親子都會留下傷害。請不要忘記，在「限制」這件事上父母也必須表現誠意。

哇，好厲害！
超帥！

很精彩的一場遊戲，
不過我們現在要降落了，
可以請您先停止嗎？

階段 6

恢復被 3C 打亂的生活

孩子可以自己控制時間嗎？

第一次見到俊英（化名）的那天，他在等候室裡趴在桌子上，陪同來訪的母親則是一副靈魂出竅的表情。我靠近俊英對他說：「要跟老師聊聊嗎？」俊英用氣呼呼的表情看我，但仍舊乖乖地跟我走進教室。為了拉近關係，我跟孩子聊他喜歡的電玩遊戲，這個話題一出來，孩子瞬間神采奕奕，開始興奮地分享起來。

「黑鴉要這樣用喔～你知道艾德加嗎？他的絕招超厲害。」剛剛還有氣無力，一說到電玩，整個人就活力四射。多數的青春期男孩都是這樣，乍看就是一臉冷漠、不想理人，但是聊到自己有興趣的事，精神就來了。在我判斷俊英應該對我不抗拒之後，我開始小心且盡可能真誠地問他問題（這種時候，孩子一般都會認為大人很虛偽或是想擺脫大人的權威。因此，就算只是簡單的一句問話也必須表現誠意）。

我：我聽媽媽說，你不想去學校？可以告訴老師是什麼原因嗎？

俊英：我已經跟很多大人說過了，一點用也沒有。

我：老師覺得媽媽想要改變耶。老師也想幫你們。

俊英：……

我：如果繼續不去上學，就不能玩電玩也無法享受其他的生活，大家都不希望這樣，不是嗎？

片刻猶豫後，俊英開始說起內心的想法。

俊英：這不是誰的錯，而是要打到其中一方倒下為止的攻城戰。

我：攻城戰？戰爭？

俊英將「和媽媽的衝突」描述為「打到其中一方倒下為止的攻城戰」，這是男孩特別會用的形容方式。父母認為是管教，孩子卻認為是與父母對立的戰爭。親子間的話題原本從電玩開始，現在卻變成「藍隊白隊」、「誰會贏」的爭鬥。睪固酮越是強烈的男孩，對其管教越容易像這樣變成一場戰爭。

我：打電玩不是壞事，但要做好原本就該做的事。

俊英：那我去上學就可以一直玩電玩嗎？我同學就有人會熬夜打電動。

我：該做的事也包含好好吃飯和好好睡覺。你這個年紀必須要有足夠的睡眠。熬夜玩遊戲這件事老師也覺得不好。

俊英：大人也會沒有限制地看電視啊，為什麼我要控制時間，真是不明白。

我：打電玩很好，如果你想繼續玩的話，就需要學習控制時間。

俊英：到什麼時候為止？我要照大人說的話做到什麼時候？

我：到你可以自我調適為止，大人只會幫助你到擁有自我調節的能力為止。調適忍耐是一輩子都要學習的事。老師也不能想做什麼就做什麼，我也經常在控制忍耐。

俊英：老師也是嗎？

我：當然。只要俊英可以自己控制，大人就會把事情一件一件交給你。不過這不代表要你隨心所欲地玩，而是「我們相信俊英可以管好自己」。

「不對立的對話」，並不是指孩子想要什麼，大人就得全盤接受，而是不要有無謂的情緒，專注在要傳達的重點上。大人必須明確告訴孩子：打電玩沒有問題，我們是擔憂你在遊戲過程中喪失調適能力。但是如果握有權力的大人帶著情緒字眼講這件事，孩子就會覺得自己被權威壓迫。

藉由不對立的溝通，俊英和媽媽的衝突逐漸變小。這麼說並不是要爸媽不分青紅皂白地放縱孩子打電玩。只是希望各位能一起努力不要站在孩子的對立面，堅持不懈才能幫助孩子。「對立的控制」和「不對立的控制」確實不同，後續俊英答應了三件事：

1. 可以打電玩，但要完成每天該做的事，才能用剩餘時間玩。
2. 和媽媽討論每天該做的事情，然後寫下來。
3. 打電玩的時間不能超過21:00。

再次見到俊英是執行這個約定的兩週後。

我：這兩週怎麼樣？

俊英：還不錯，我也有去學校。

我：學校如何呢？

俊英：還不壞。隔了好久才去，大家還幫我拍手。

幸好孩子回去上學了，聊了各種話題後，我問了一直好奇的重要問題。

我：俊英，你還認為媽媽是敵人嗎？

俊英：以前會那麼想，現在不會了。

真是太棒了。俊英在跟我結束三次諮詢後順利回到學校，和媽媽間的關係不再緊繃。之後媽媽也告訴我俊英變了很多，不像以前那樣沉迷於電玩，在校生活也過得很好，真是令人感激。

我並不是想談「這樣說，問題就能解決」的方法。**所有方法的首要重點是必須當個「遵守約定、值得信賴、不對立」的父母。**再強調一次，不需要和孩子對立才能教導他們。父母也是人，有時候情緒一來，確實會臉紅脖子粗地對孩子大聲說話，但是從我們嘴裡說出來的話必須是「因為我太愛你，所以想要幫助你」。

用可怕的表情對孩子大吼：「你為什麼這麼不聽話？」和情緒穩定地對孩子說：「我相信你做得到，你是個很棒的孩子！我可以怎麼幫你？」效果完全不一樣。如果孩子將父母視為敵人並與之對立，就無法教他任何事。反過來說，如果孩子把父母當協力者來依靠，就有一起解決的機會，面對任何問題都不會害怕。

★ 教養原則 43

彼此尊重的同時訂下規則並遵守，就能逐漸恢復日常。不只是兒子，媽媽也要一起努力。

BAD
我要玩遊戲。
我不去學校。
去唸書。
去上學。
討厭！
做功課！

GREAT
媽媽來幫你，
你做得到。
生活的規則

兒子 TV

話題影片✓

男孩媽媽要知道的事

樹立媽媽的權威

每個爸媽應該都有過孩子突然耍賴、哭鬧要買玩具的經驗吧。這種時候，在孩子的立場來看會覺得「爸媽現在捨不得買給我，最後就真的不會買了」，但我想先告訴各位，這是因為父母無法讓孩子信賴所導致的結果。

來舉個例子，孩子要求吃冰淇淋。媽媽說吃完飯就會給，孩子吃了幾口飯又吵著要吃冰淇淋，媽媽說飯沒吃完不可以吃冰淇淋。為了吃冰淇淋，孩子狼吞虎嚥地大口吃飯，結果轉身看電視，就忘了冰淇淋的事，媽媽心裡也想著「他忘了就不用給吧」，把事情給敷衍過去。最後，這樣的事情次數一多，孩子就不再相信媽媽。

孩子因為相信媽媽而等待，但是媽媽卻因為孩子忘了就沒有遵守約定，這樣的經驗一多會如何呢？孩子會認為「如果我沒有當場吃到冰淇淋又忘記，媽媽就會不講信用不給我」，累積這種想法的同時，孩子也不再信賴父母。教養孩子就是這麼難的事。在教育者和被教育者之間，信賴是非常重要的關鍵。想要挽回孩子的信任，請試著這麼做：**先約一件非常不重要的小事。**例如對孩子說：「今天晚餐媽媽做你喜歡的糖醋肉。」就算孩子不放在心裡也沒關係，晚餐時，再對孩子說媽媽做好糖醋肉了，記得一定要說這句話：「媽媽遵守約定了。」

要讓孩子看到媽媽遵守約定。如果是前面提的案例，走近沉迷於電視的孩子對他說：「媽媽說了要給你冰淇淋，對吧！」然後拿出冰淇淋。這麼一來，孩子一定會很高興——得到自己要求的東西已經很開心了，現在還是在延遲滿足的忍耐後才得到，就會更有成就感。透過這個行為讓孩子學會等待。

「媽媽要我等待的時候，只要我等待，媽媽就會遵守約定。」當媽媽這樣連小事都能遵守時，這些經驗累積起來就能在決定性瞬間制約孩子的行為。讓孩子聽媽媽話的權威的核心正是「信賴」。

PART 5

這樣做，提升孩子自我效能

增強兒子的學習力與自尊

教育的本質在於「培養自我認同，對自己有正確的期待勝過提供他人學習的資訊」。反覆對自己正確地評價，用對方向確立自我認同，孩子自然會成長。

不是要成長才確定自我認同，而是先確立自我認同才會有與之相符的成長。

1

刻意要求就能讓兒子累積實力嗎？

藉由既有優點養成自我效能。

「老師，這個好難我不想做。為什麼要做這麼累人的事？」

「這樣啊，那就不要做吧。」

最近韓國的教育界，開始針對「是否要教孩子相對困難複雜的事」在做討論。原因是無法忍耐的孩子漸漸增加，有人提出現代的孩子是否學不會「忍耐」。如果說以前流行再辛苦都會要求孩子去做的「虎媽」，現在就是聽到孩子說不喜歡，就同意孩子停下來別做的「小鹿媽媽」當道。然而，最近輿論的重點是不是該回到以前那樣的要求。

想要成長，確實需要磨練，不過並不是每天要求孩子唸書就可以了。就像有些孩子去了超厲害的補習班，成績也不見得一定進步，就算大人再怎麼逼孩子坐在書桌前，孩子還是會有各種藉口逃避該做的事。我們可以強迫孩子坐在書桌前，但是可以逼孩子養成想學習的心嗎？沒有人可以教導一個沒有心的孩子，不是嗎？我在教育現場經常接到高年級家長這類提問：

「為什麼我兒子沒有想做的事，做什麼都沒熱情？」

孩子若是已經反覆努力也沒用的話，很快就會缺乏活力。很多人都以為只要有熱情，學習成績就會提升，實際上是相反的，**成績必須要變好才會產生熱情。**

舉例來說，假設有間新開張的烤雞店，老闆滿懷抱負地要開創新事業，卻一位客人也沒有，他還有辦法產生熱情嗎？「只要我每天認真烤雞，總有一天會成功」是可以抱著這樣的想法認真經營，但兩三個月過後，若狀況仍沒有好轉，那麼再高昂的鬥志也會熄滅。反過來，每天都有客人大排長龍，就算原本意興闌珊也會被激發出熱情。

面對學習意願低落的孩子，爸媽的煩惱通常是「要逼他還是放任不管」，但真正的重點是觀察過往經驗是否在兒子心裡造成問題。孩子究竟是反覆失敗，還是反覆地成功。**即便是小小的成功，只要不斷地經歷、累積，終會讓孩子感受到自我效能。**自我意象變好，產生做得到的自我認同，再困難的事都會想要去挑戰。忽略成長過程，只是煩惱兒子為什麼做每件事都沒有熱情，親子關係極有可能變差。尤其是認同需求強烈的兒子，通常不能忍受自己的自我效能變低。

這點對父母來說也是一樣。不斷重複無法約束孩子的經驗，最終只會感到無力。若是對此感到無奈，就必須檢視是不是因為有過太多失敗的經驗。而改善這種情況的唯一方法，就是要有成功的經歷。

十多年前，我就強調教養兒子要從既有的優點開始。若是過度執著在缺點上，我個人的經驗是許多兒子在體驗到自我效能前就會關上心門。但我也不是要大家只看優點，而是必須**從優點開始提升自我效能**，再來教導孩子。讀書讀得好的孩子，有個特徵是「相信自己」，不是「不知道會不會成功，但還是先試試吧」。「相信自己」只要去做，成績就會提升，挑戰也變得更加容易。

反之，經常事情做一半就分心岔題的孩子無法「相信自己」。老是懷疑這麼做成績真的會變好嗎？才開始減肥一天就看著鏡子想會不會瘦的大人，也是相同的心情。那些真的瘦下來、練出優美體態的專業選手，都是相信「做就對了」。他們沒有懷疑，就是去做。

有段時間，大家都在討論花式溜冰選手金妍兒的某段訪問。記者問她：「訓練過程中，妳都在想什麼呢？」她回答說：「沒有想什麼，就是去做。」在金妍兒選手身上，我們看不到「努力能否成真」的猶豫。努力執行的人們並不是沒有煩惱，而是以反覆成功的經驗為基礎，相信自己「做就對了」。反之，無法相信自己的孩子總是在懷疑，不確定自己現在做的對不對，才會站在原地猶豫不決。

「懷疑」會影響投入程度，這是由小失敗累積而成的結論。一次又一次的失敗，會形成「我做了還是辦不到」的錯誤自我認同。

★ 教養原則 44

不是先有熱情才會獲得成就，必須先有成就才會產生熱情。

很好。我會認真做。
熱情
我家烤雞
我家烤雞
歡迎光臨
熱鬧
熱鬧
熱鬧
熱鬧

都沒客人，我不行了。
熱情
我家烤雞
我家烤雞

2

如何發展
兒子的自尊？

不要限制了自己的發展。

我有個電腦很厲害的朋友，名叫大英。他在我的朋友間是第一個買電腦、接觸電腦的人，他厲害到可以自己買零件來組裝。我只要遇到電腦上的問題，很自然地會想要去問他，有一次我又因為電腦速度變慢，請他幫忙處理。然而我朋友卻這樣說：「你連格式化都不會嗎？你不是做不到，而是沒試過吧。你先試一次看看。」

剛開始我有點難過，但實際做了後發現真的不難。問題在於我的自我認同——我不會電腦，造成我連只是最簡單的格式化都必須找朋友。這種案例在我們周遭處處可見。

舉例來說，試想一個成天喊：「我對數字很遲鈍。」的成人。他說的話是事實嗎？正確地說，比較大的可能是因為對數字鈍感，所以只要看到數字就自己畫一條界線，導致無法有所成長的可能性更高。因為「我對數字很遲鈍」的自我認同，所以把所有數字問題都歸到「不是我的領域」，把所有資訊擠進「與我無關的另一端」。反之，「我對數字很敏銳」的自我認同，會讓人在看到再小的數字也想主動確認是否有誤，也會認真解益智節目裡的數學題目。自我認同一旦像這樣被設定，就會對那個人的未來產生極大的影響。

孩子也是一樣，「我不會唸書」、「我討厭作文」、「我不聽媽媽的話」、「我不會自我管理」……這些自我認同都會限制孩子的成長。自我認同設定錯誤的孩子，無論怎麼教也不會進步。因為就算表面上有在聽，事實上已經被自己不行的自我認同給支配。

醫師雖然可以對來醫院的孩子下各種診斷，但是從教育者的角度來看，「孩子的自我評價」才是最重要的。舉例來說，和注意力不足過動症孩子面談時，我最擔心他們說這樣的話：

「我本來就這樣。」

「因為我不吃藥，才會這樣。」

「我不太懂那些事情。」

其實，醫師也表示處方藥物在缺乏調適意志的孩子身上很難發揮效果。所以，孩子必須要有「相信自己總有一天會調適好」、「自己是個好孩子」的想法。人類無法脫離自己設定的自我認同。從沒想過要「變富翁」的人不會成為富翁，無法確立「自己很會唸書」自我認同的人也不會突然變得很會唸書。請記得，教育者無法操縱先天基因裡本來就沒有的能力，而是從孩子擁有的能力中挑出好牌，順著這張牌去發展或培養。

教育的本質在於：培養自我認同，對自己有正確的期待勝過提供他人學習的資訊。反覆對自己正確地評價，用對方向確立自我認同，孩子自然會成長。不是先成長才能立定自我認同，而是先確立自我認同才會有與之相符的成長。

舉例來說，我的自我認同是「兒子問題終結者」。這個自我認同已超過十年，感覺世界上與兒子問題有關的資訊都往我身上聚集。搭乘地鐵時，只要看到耍賴的男孩，我就會直直盯著對方無法離開。講座結束後的提問時間，我也會盡可能為大家解決問題。如果有解決不了的男孩問題，我就會睡不安穩地煩惱一個星期，這都是因為我的自我認同。自我認同一旦確立，就算睡覺時也會持續起作用。自我認同不只對個人的行動有影響，對成長的速度也會產生連動。

各位爸媽的自我認同是什麼呢？如果你自覺是「不會處理兒子問題的爸媽」，我希望你可以重新設定。因為你無法超越自己設下的自我認同，期望各位能透過本書嘗試一件事——擁有「做就對了」的信心。衷心希望各位媽媽能設下「我很會處理兒子問題」這樣的自我認同。

★ 教養原則 45

擺脫「我本來就做不到」這類自我限制的想法，兒子才能自己成長。

BAD
大英，
救救我的電腦！
電腦
門外漢

GREAT
原來不難嘛！
選擇選項
1. 維持我的檔案
2. 清除所有項目
電腦格式化
第1階段
電腦
入門者

3

兒子的自我認同是如何形成？

透過適當的介入養成自尊。

我們可以透過兩個方向來感知自身。一個是「他人如何對待我」，如果身邊的人一直都是很隨意地待我，對自己的評價就會是「我是個不重要的存在」。若是主動與人攀談都得不到好的回應，或是經常被忽視，對自己的評價就會跌到谷底。

所以說，讓孩子多與人接觸，絕對有助於成長。確認朋友如何對待自己，同時掌握「原來這樣講話人家會討厭」、「這樣說話比較討人喜歡」等等的感覺。但是如果在最初環節就出錯，也會陷入「原來我是討人厭的孩子」的認知，所以必須要適當介入來幫助兒子形成自尊。

這種時候最有幫助的方法，就是在爸媽照顧得到的情況下「指導人際關係」。找出兒子和朋友相處時最容易失誤的地方，訓練並協助兒子。要從旁安靜觀察兒子與朋友的互動，不能只聽兒子片面之詞的敘述，因為兒子極有可能會站在自己的立場，只說對自己有利的話。必須要確認媽媽眼睛看到的和兒子嘴巴口述之間的差距。幾次的詳細觀察，就能了解兒子對於狀況的理解能力，是因為看不懂朋友的情緒、還是搞不懂規則或是自我調適的關係，找出問題才能具體地給予指導。

兒子還會以自己多有用來評價自己，這個稱為「自我效能」。對女兒來說，在女生群體被排擠，那種難受的感覺相當於生存受到威脅；兒子則是在自己重視的領域裡不被肯定時，才會有無法忍受的難受。

所以兒子們才會執著於很會踢足球、力氣很大、跑步很快、跳繩很厲害、很搞笑、很會繪畫、很會做手工藝、很會玩遊戲等事上。因為不僅在效能領域裡很重要，被同儕肯定，連人際關係也會變好，所以更加埋頭在自己的領域裡。反之，無處可以表現的兒子則是會陷入強烈的無力感中。一旦認為自己沒有可以展現的地方，與同儕的相處就會遭遇困難。

所以**兒子的教養必須從「填滿」開始，不是填滿兒子的不足，而是從兒子既有的能力開始培養**。如果兒子有擅長的事，無論那個領域是什麼，都能成為「自己是很棒的人」的證明。

兒子的自尊心和自我認同主要是從上述「他人如何對待我」、「自我效能」兩大領域而來，兩者必須平衡。如果失衡就容易只專注在其中一項。過度以人際關係來評價或是一味強調自我效能都不行。必須要找出兒子現在重視的是哪一個，才能正確幫孩子填滿。

★ 教養原則 46

「他人如何對待我」和「我多麼有用處」的自覺，大大影響兒子自我認同的形成。

〈幫助兒子提升自我認同〉

足球第一
腕力第一
數學第一
我擅長什麼呢……
?!
你也教教我！
哇，
你好會摺紙喔！
我是摺紙高手！
找到了
自我認同

4

如何改變對學習的認知？

來自小小成功的奇蹟。

對兒子來說，經驗比話語更重要。就算媽媽總是把「你是我最寶貝的孩子」掛嘴邊，如果孩子找不到自己真的很珍貴的證據，就很難脫離媽媽的懷抱。如果媽媽總對自己說溫暖的話，現實的社會卻很冷淡就更會如此。越是重複這樣的事，兒子就越難自己獨立。

舉例來說，只要兒子認為「唸書好無趣，〇〇不唸書也很受歡迎，我只要像〇〇一樣會玩遊戲就好啦」，就會產生討厭唸書的自我認同。這時該怎麼處理呢？對於處在「被同儕認同就是全世界」的男孩來說，媽媽的話其實不太管用，同儕的接納才能讓他證明自我效能。

當兒子已經產生討厭唸書的自我認同，教導時必須站在兒子的立場。如果兒子喜歡打電玩，最好將自己想告訴孩子的事連結到遊戲內容。舉例來說，想要教孩子數學裡的「分配」概念，喜歡「戰鬥遊戲」的孩子就可以這樣做。

1. 讓孩子設計自己喜歡的角色。
2. 要孩子寫下這個角色的戰鬥力、能量和防禦力。
3. 告訴孩子這三種能力值不能超過1000。
4. 父母也設計一個角色，一起做符合規則的組合。
5. 以剪刀石頭布決定先攻，開始假想戰鬥。
6. 試著以些微差距輸給兒子，如果兒子理解遊戲規則就再重複一兩次。

以這種方式處理，兒子就會在不自覺間學到數學概念，之後可以看著兒子的臉認真地說：

「你說討厭數學，我還以為你真的不會，但是你今天做得很好啊？」

沒有付出任何努力就給予稱讚，極可能對兒子產生負面影響，但是透過這樣客觀的努力證據、給予回饋意見，對兒子的自我認同就會有正面的帶動。如果自己所做的努力沒有想像中困難，原來這樣做數學就可以變好，那麼兒子面對數學的態度也會完全不同，並且重新設定自我認同。

若能像這樣持續在數學學習上得到有意義的回饋，兒子就會建立「我是數學還不錯的孩子」的自我認同，自然會把數學題、習作等等作業放在心上。如果孩子也在乎這個自我認同，隨著時間經過，就會呈現更加成長的面貌。

其實，什麼都沒有變，我們只做了一件事情——改變孩子的自我認同，從「我不會唸書」變成「我是數學還不錯的孩子」。一面重複小小的成功一面奠定下自我認同，經過足夠的時間後，當兒子真的想要做好時再來幫助他。總而言之，兒子的變化大概是這樣：

階段① 重複小小成功經驗

階段② 尋找對自己的信任

階段③ 以小小成功為中心，建立正確的自我認同

階段④ 透過正確的自我認同不斷努力並訓練

必須要孩子自己下定決心邁出步伐，才會成長，才會出現教育者可以做的事。如果各位爸媽正一廂情願地給予孩子不想要的教導，希望能明白上述理論後再來幫助孩子。

★ 教養原則 47

必須重新設定本人對於讀書的認知及自我認同，兒子的學習力才能直線上升。

我不會數學，
我不要做。
HP是1,000，
我要用500攻擊！
呃啊，那麼
還剩500！
你會千位數的減法？
很棒耶！
難道我是
數學高手？
下一個有點困難……
我之前也有完成
困難的事！
我要試試！
我要試！

結語

寫給活在厭童社會的大人們

現今社會是日漸「厭童」的時代。如果說以前的大人都很疼愛兒童，現在則是看到小孩就開始擔心很吵、麻煩、沒禮貌的大人正在變多。曾經有個時期是只要同條街上的孩子做錯事，左鄰右舍就會一起管教，孩子都很怕大人。但是現在的孩子不但不再尊敬大人，也不知道害怕，大人更是不覺得孩子們可愛，我甚至還見過討厭自己兒子的父母。大人怎麼會厭童呢？

我認為問題來自於就算孩子做出無理行為，大人也無法制止的不安感。這就像朋友的玩笑就算稍微過分也不至於影響心情，但上司的玩笑只是稍稍越界就會不舒服。對待朋友，只要我想要，隨時都可以制止對方，彼此是信任的關係；但是面對上司，就算我不開心也無法要他踩煞車，所以會有不安和不舒服的感覺。

手足間的關係也是如此。如果弟弟或妹妹一直碰我的東西、侵犯我的領域，爸媽又不處理，那麼我就會討厭弟弟或妹妹，不僅如此，還會埋怨沒有介入的爸媽。某個人持續觸犯我的底線，卻沒有辦法制止他，之後就會越來越討厭對方。也就是說，厭童是因為我們失去了對孩子的煞車機制。

我想起最近在演講現場見到的一位母親。這位母親已經擔任兒童心理治療師十七年，某天因為聽到兒子講了不恰當的話，忍不住伸手打了孩子的背，兒子立刻大叫：「我要去報警！」甚至還打開家門大喊：「請幫幫我！」我們對孩子無條件的尊重和愛，就像丟出的迴力鏢一般反擊回來了。

現在正是踩下煞車的時候。我們之所以會覺得現在的問題兒童特別多，就是因為失去正確約束的概念。無法正確地約束孩子，孩子們就容易變成問題兒童。我們必須以不傷害的方式教導孩子。維持尊重和愛的同時，也必須要堅定，重新找回大人正當的權威才能恢復對孩子的愛。

找回權威並不是指要對孩子凶，可怕的父母和有權威的父母是不一樣的事；絕對不是要成為讓孩子屈服的可怕大人。如同書中再三強調，讓孩子屈服的教育方式一定會造成副作用。這就是為什麼各位必須要熟悉果斷行動的「行動教養」。

我希望本書是大人找回權威的第一步，更期待可以修補因為過度講求尊重而崩壞的家庭。希望各位都能試試我在書中所提的內容，掌握「這樣做就可以」的關鍵，靈活運用不需對立也能約束孩子的各種方案。找回信心、相信有方法可以約束孩子時，我們才能重新疼愛孩子；必須找回大人的權威，才能恢復可以真心喜愛孩子的社會。

國家圖書館出版品預行編目資料

兒子到底在想什麼？:當媽媽不崩潰，男孩教養說明書/
崔旼俊著；樊姍姍譯. -- 初版. --
臺北市：三采文化股份有限公司, 2025.06
面；　公分. -- (親子共學堂)
ISBN 978-626-358-656-7(平裝)

1.CST: 親職教育 2.CST: 子女教育

528.2　　114003113

suncolor 三采文化

親子共學堂 47

兒子到底在想什麼？

當媽媽不崩潰，男孩教養說明書

作者｜崔旼俊　內頁繪圖｜申睿媛　譯者｜樊姍姍
編輯四部 總編輯｜王曉雯　主編｜黃迺淳　版權選書｜孔奕涵
美術主編｜藍秀婷　封面設計｜BINACO　版型設計、內頁編排｜陳佩君
美術編輯｜李蕙雲　校對｜周貝桂

發行人｜張輝明　總編輯長｜曾雅青　發行所｜三采文化股份有限公司
地址｜台北市內湖區瑞光路513巷33號8樓
傳訊｜TEL: (02) 8797-1234　FAX: (02) 8797-1688　網址｜www.suncolor.com.tw
郵政劃撥｜帳號：14319060　戶名：三采文化股份有限公司
本版發行｜2025 年 6 月 13 日　定價｜NT$420

suncolor

suncolor